GÉOGRAPHIE SACRÉE.

PARIS. — TYPOGRAPHIE LACRAMPE ET COMPAGNIE, RUE DAMIETTE, 2.

GÉOGRAPHIE SACRÉE

FAISANT CONNAÎTRE

L'ÉTAT DE LA PALESTINE

DEPUIS LE TEMPS DES PATRIARCHES

JUSQU'A L'ÉPOQUE DES VOYAGES DES APOTRES

ET RENFERMANT

Des Notices historiques sur tous les lieux célèbres mentionnés dans la Sainte-Bible.

OUVRAGE ILLUSTRÉ PAR DE BELLES VIGNETTES GRAVÉES SUR BOIS

Et enrichi de sept Cartes géographiques.

PAR A.-H. DUFOUR,

GÉOGRAPHE.

PARIS.

MADAME VEUVE TURGIS, RUE SAINT-JACQUES, 16,

ET RUE SAINT-ROME, 36, A TOULOUSE.

1842.

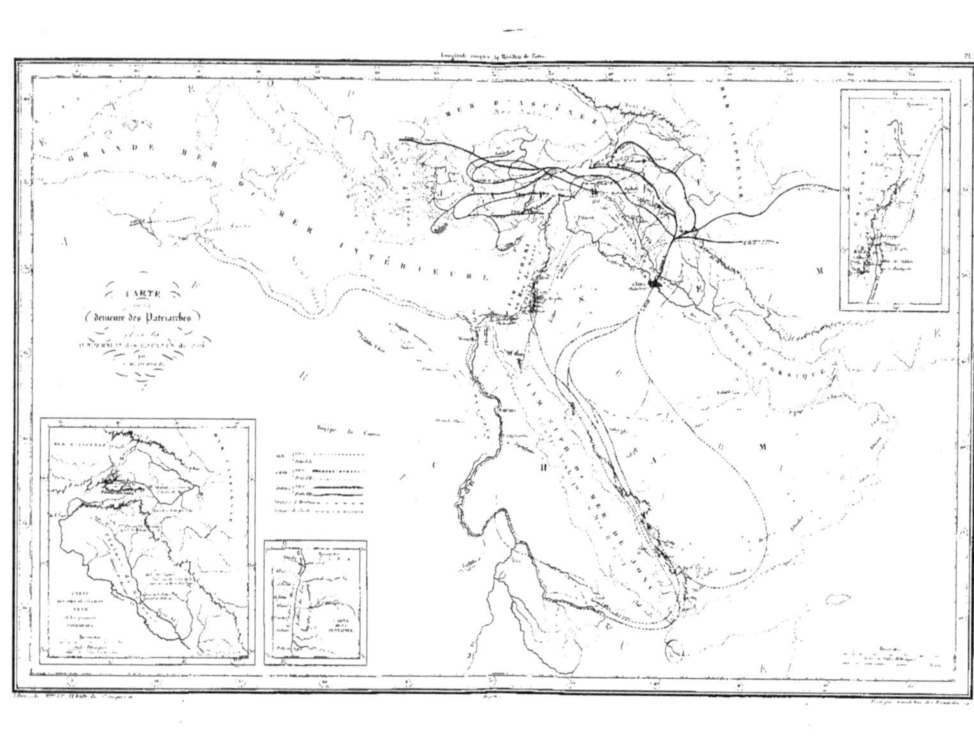
CARTE
demeure des Patriarches
GRANDE MER
MER INTÉRIEURE
MER D'ASCÉNEZ
MER CASPIENNE
GOLFE PERSIQUE
MER ROUGE
Pl. I

DEMEURE DES PATRIARCHES.

Le Pentateuque est la réunion des cinq livres écrits par Moïse, qui sont : la Genèse, l'Exode, le Lévitique, les Nombres et le Deutéronome. Cette histoire est la première écrite, et la plus ancienne tradition sur laquelle on puisse compter. Indépendamment de la révélation, elle est authentique; et cependant beaucoup de critiques ont feint de la suspecter, en ne la regardant que comme l'histoire d'un temps fabuleux.

Quand un grand historien trace l'histoire d'un peuple, il s'applique à faire connaître les localités d'un pays où ce même peuple a foulé la terre, théâtre de ses actions, de sa grandeur et de ses vicissitudes. C'est souvent de l'ignorance où l'on est des lieux où se sont passés les événements les plus mémorables d'une nation, que naissent tant de diversités d'opinions sur les époques de sa gloire et de sa vie politique.

Sans le secours de la géographie, il ne peut exister de point fixe où puissent s'arrêter nos idées, et à plus forte raison où nous puissions comprendre par quel enchaînement d'événements ce premier peuple du monde, qui fut nomade, cultivateur et conquérant, tour à tour divisé, s'est enfin réuni et concentré dans un même lieu.

Après que les eaux du déluge se furent écoulées, la famille de Noé, la seule qui fût restée sur la terre, débarqua sur le mont *Ararat*, aujourd'hui *Agri-dagh*.

Cette montagne est la plus haute du plateau d'Arménie; elle a sa base appuyée sur une plaine très-étendue, et se termine par deux pics, dont le plus oriental et le moins élevé porte le nom de *Petit-Ararat*.

Après être sortie de l'arche, la famille de Noé descendit dans les plaines de *Sennaar*, qui sont au midi des montagnes de l'Arménie. Elle s'y multiplia jusqu'à la confusion des langues, événement qui l'obligea de se séparer.

La postérité de Sem étant restée en possession des plaines de Sennaar, Assur, fils de ce patriarche, y fonda le royaume des Assyriens, et bâtit *Ninive*. Cette ville, qui fut beaucoup augmentée par Nemrod, était, suivant Strabon, plus grande que Babylone. Selon Diodore, sa figure était celle d'un carré long : les deux plus grands côtés avaient 150 stades; les deux plus courts, 90; la circonférence, 480 (1). Elle était située sur la rive orientale du Tigre, presque vis-à-vis de Mosul. Un petit village appelé *Ninia* ou *Nino*, à environ 800 mètres du fleuve, occupe une très-faible partie de son emplacement. Un voyageur moderne, qui a visité ces ruines, a trouvé qu'elles consistaient en un rempart et un fossé, formant un carré long qui n'a pas plus d'un kilomètre 300 mètres de tour; le mur, recouvert de gazon, peut avoir 6m 40 de haut.

Arphaxad, troisième fils de Sem, fut l'aïeul d'Héber, qui a donné son nom aux descendants d'Abraham; Tharé, père de ce dernier, vivait dans la Chaldée, en une ville nommée *Ur*, qui doit être la même que celle mentionnée par Ptolémée sous le nom d'*Urdica* ou *Orchoë*. Babylone était la capitale de ce royaume.

Au rapport de Strabon, Babylone était située dans une plaine; ses murailles avaient 385 (2) stades de circonférence et 10m 24 d'épaisseur; leur hauteur était, entre les tours, de 50 coudées, et de 60 coudées en y comprenant celle des tours; la largeur suffisait pour que deux quadriges pussent facilement y courir en sens opposé. Aussi ces murailles étaient-elles mises au nombre des sept merveilles, de même que le jardin suspendu, qui avait la forme d'un carré, dont chaque côté était de 128 mètres. Il se composait de plusieurs terrasses voûtées s'élevant les unes au-dessus des autres, et soutenues par de gros piliers en forme de cubes. Les piliers étaient creux et remplis de terre, de manière à pouvoir contenir les racines des plus grands arbres; ces piliers, ainsi que le sol de chaque terrasse, et les voûtes, étaient construits en briques cuites, assemblées avec de l'asphalte. On arrivait à l'étage supérieur par des escaliers, le long desquels on avait disposé des *limaces* (machines pour élever de l'eau); des hommes commis pour

(1) Le stade dont il est ici question est, de toute vraisemblance, celui de 750 au degré, dont un stade égale 147m 78.

(2) Le stade employé par Strabon était de 700 au degré, dont 1 stade égale 158m 73.

cela les mettaient sans cesse en mouvement et faisaient monter l'eau de l'Euphrate dans le jardin, qui était situé près du fleuve; ce fleuve, large d'un stade, coupait la ville par le milieu; sur ses bords s'élevait le tombeau de Bélus, détruit par Xerxès: c'était une pyramide carrée de briques cuites, ayant un stade de hauteur et de côté. Alexandre avait eu l'intention de la rétablir; mais sa mort arrêta ses projets. Après lui, personne ne s'occupa de ce monument; le reste fut également négligé, et la ruine successive de cette ville fut à la fois l'ouvrage des Perses et des Macédoniens, dont l'insouciance pour Babylone augmenta, surtout après que Séleucus-Nicator eut fortifié Séleucie sur le Tigre, à environ 300 stades seulement de Babylone.

Cette ville fameuse est tellement détruite, qu'on ne trouve plus aujourd'hui que quelques débris de ruines épars çà et là; sur leur emplacement s'élève, vers l'Euphrate, un village qui conserve le nom de *Babil*, espèce de fanal qui indique l'endroit où s'élevait jadis la somptueuse cité de Sémiramis. En cela s'est accomplie la menace d'Isaïe : « Cette « grande Babylone, cette reine entre les royaumes du « monde, qui avait porté à un si haut point l'orgueil des « Chaldéens, sera détruite comme le Seigneur renversa Sodome et Gomorrhe. »

Tharé ayant perdu son fils Aran au pays où il était né, dans Ur en Chaldée, le chagrin qu'il en eut lui fit quitter le voisinage de Babylone, où ses descendants devaient être un jour emmenés captifs. Il alla s'établir avec Abraham et Nachor ses fils, Lot son petit-fils et Saraï sa belle-fille, à *Haran*, dans la Mésopotamie. Ce fut auprès de cette ville que Crassus et l'armée romaine furent défaits par Surena, général des Parthes. Macdonald Kinneir, qui a visité la Mésopotamie en 1813, nous apprend qu'il ne reste aujourd'hui que de faibles vestiges, ou, pour mieux dire, rien, de la fameuse ville de Haran.

Après la mort de Tharé, cette famille se divisa. Les uns restèrent en Mésopotamie, sous le gouvernement de Nachor; les autres suivirent au delà de l'Euphrate, dans le pays de Chanaan, Abraham et Lot, fils d'Aran. Les motifs de cette séparation sont clairement expliqués dans la Genèse, où le Seigneur dit à Abraham : « Sortez de votre pays, de votre parenté « et de la maison de votre père, et venez en la terre que je vous « montrerai. Je ferai sortir de vous un grand peuple, je vous « bénirai, je rendrai votre nom célèbre, et vous serez honoré. »

Abraham, Saraï sa femme, Lot son neveu, et les personnes qu'ils avaient eues à Haran, entrèrent dans le pays de *Chanaan*, allèrent d'abord camper au voisinage de *Sichem*, puis dans la vallée illustre; ensuite ils campèrent jusqu'auprès de *Béthel* et Haï.

Une famine étant survenue dans le pays des Chananéens, Abraham descendit en Égypte. Après que ce fléau fut passé, il revint dans le pays de Chanaan jusqu'au lieu où il avait auparavant dressé ses tentes. Lot, qui était avec Abraham, possédait une grande quantité de troupeaux; le pays ne leur suffisant pas pour demeurer l'un avec l'autre, ils se séparèrent. Abraham demeura dans la terre de Chanaan, et Lot se retira dans le pays situé le long du Jourdain, où étaient les villes de *Sodome*, de *Gomorrhe*, d'*Adama*, de *Seboïm* et de Bala; pays riche et fertile, tout arrosé d'eau comme un jardin de délices. Sitôt après cette séparation, le Seigneur dit à Abraham : « Par- « courez présentement toute l'étendue de cette terre dans sa « longueur et dans sa largeur, parce que je vous la donnerai. »

Abraham ayant donc levé ses tentes, vient demeurer près de la vallée de Mambré, qui est vers Hébron.

Dans cet état de choses, les chefs ou les rois de Sennaar, d'Élam, d'Éllasar et de Goïm, que l'on peut présumer qui commandaient des détachements assyriens levés chez quatre peuples différents soumis à cet empire, vinrent faire la guerre aux rois de la Pentapole; après les avoir vaincus et s'être emparés de toutes les richesses et de tous les vivres de Sodome et de Gomorrhe, ils se retirèrent en emmenant aussi Lot, fils du frère d'Abraham. Mais Abraham, réuni à trois chefs du désert, Aner, Escol et Mambré, surprit les vainqueurs, les battit, et délivra son neveu, qu'il ramena avec lui dans la vallée de Mambré.

Plusieurs années après, Sodome et Gomorrhe furent embrasées par une pluie de soufre et de feu que le Seigneur fit descendre du ciel sur ces villes corrompues, pour les punir de leur iniquité et de leurs péchés.

Abraham, retiré chez Abimélech, roi des Philistins, avec lequel il avait fait alliance, laissa plusieurs fils. Les plus célèbres furent Ismaël et Isaac. Le premier devint, par son courage, le chef des nombreuses tribus dont les descendants forment aujourd'hui la nation arabe; l'autre succéda à son père.

Après la mort d'Isaac, ses fils, Jacob et Ésaü, se séparèrent, et les tribus qui suivirent ce dernier prirent par la suite le nom d'Iduméens. Les pasteurs qui restèrent près de Jacob s'appelèrent indifféremment Hébreux ou Israélites, du surnom d'Israël, que Jacob portait depuis son retour de la Mésopotamie.

Jacob eut douze fils; le plus célèbre fut Joseph, qui, devenu tout-puissant en Égypte, obtint de Pharaon que sa famille s'établit dans la terre de Gessen, où elle devait se multiplier pendant plus de deux cents ans, pour entrer ensuite dans le désert, et marcher à la conquête de la terre de Chanaan, que Dieu avait promise à ses pères.

Les Égyptiens, qui avaient adopté une partie des mœurs des pasteurs, jouirent avec les Hébreux d'une certaine liberté, jusqu'au règne d'Aménophis, le Pharaon de la Bible. C'est sous ce prince que naquit Moïse, et qu'eut lieu la première persécution contre les Hébreux dont il est fait mention dans l'Exode.

APRÈS l'anéantissement de la puissance des pasteurs, les Hébreux avaient été contraints de quitter la vie pastorale, et de travailler à la construction des villes que Pharaon faisait bâtir. Ces infortunés, succombant sous le poids du travail qui les accablait, crièrent vers le ciel; et les cris que leur arrachait l'excès de leurs misères s'élevèrent jusqu'à Dieu. Il entendit leurs gémissements; il se souvint de l'alliance qu'il avait faite avec Abraham, Isaac et Jacob, et jeta sur son peuple un regard favorable. C'est alors que naquit parmi eux, dans la maison de Lévi, Moïse, un de ces hommes extraordinaires qui, par la volonté de Dieu, étaient destinés à changer le sort des Israélites.

La conservation de Moïse fut miraculeuse comme sa destinée : exposé sur les eaux au moment de sa naissance, la fille de Pharaon l'en retira, et après lui avoir sauvé la vie, elle l'adopta pour fils et le nomma *Moïse*, qui veut dire *tiré de l'eau*. Elle le fit ensuite instruire dans les sciences et les arts que professaient les Égyptiens. Lorsqu'il fut devenu grand, il vit avec douleur l'affliction de ses frères, et voyant qu'un Égyptien outrageait un Hébreu, il le tua et le cacha dans le sable. Après ce meurtre il fut obligé de se sauver, et il se retira chez les Arabes Madianites.

Pendant le temps que Moïse était retiré à Madian, ville fondée par un des fils d'Abraham et de Cetura, il s'allia à Jethro, prêtre de Madian, en épousant sa fille Séphora. C'est au milieu de ses nouveaux frères, tandis qu'il menait paître les troupeaux de son beau-père au pied du *mont Horeb* ou la *montagne de Dieu*, que le Seigneur lui apparut et lui ordonna de faire sortir de l'Égypte les enfants d'Israël, qui étaient son peuple. « J'ai résolu, lui dit-il, de vous tirer de l'oppression des Égyptiens, « et de vous faire passer au pays des Chananéens, des Héthéens, des Amorrhéens, des Phérézéens, des Gergéséens, « des Hévéens et des Jébuséens. »

Après avoir entendu l'ordre de Dieu, et médité sur ses vastes projets au sommet du mont Horeb, au milieu des éclairs et de la foudre, à la vue de la mer agitée et du désert silencieux, Moïse revint en Égypte auprès de ses compatriotes, et s'étant joint son frère Aaron, il les engagea à fuir; puis, prenant auprès de Pharaon le prétexte d'un sacrifice dans le désert : « Nous sacrifierons au Seigneur notre Dieu, lui dit-il, « des animaux dont la mort paraîtrait une abomination aux « Égyptiens, car si nous tuions devant les yeux des Égyptiens « ce qu'ils adorent, ils nous lapideraient. »

Pharaon hésite; il accorde ou retire la permission qu'on lui demande, soulage ou aggrave les maux des Hébreux, selon qu'il est plus ou moins effrayé des fléaux qui ravagent ses états. Mais enfin, ce prince ne pouvant résister plus longtemps aux plaintes de ses sujets, frappés de dix plaies consécutives, fit venir Moïse et Aaron, et leur dit : « Retirez-vous promptement « d'avec mon peuple, vous et les enfants d'Israël; allez sacri- « fier au Seigneur, comme vous le dites. »

Tout porte à croire que la terre de Gessen est le point d'où partirent les Israélites pour se rendre, sous la conduite de Moïse, au pied du mont Horeb, où le Seigneur lui avait ordonné de lui offrir un sacrifice lorsqu'il aurait tiré son peuple de l'esclavage. Cette contrée est la même que celle appelée aujourd'hui la vallée de *Sabâ-Byâr*, qui s'étend à l'est de l'Égypte, vers la Syrie.

Ce qui appuie l'opinion de l'emplacement assigné à la terre de Gessen, c'est ce qu'on lit dans la Genèse : « Jacob envoya « Juda vers Joseph pour l'avertir de sa venue, afin qu'il vînt « au-devant de lui en la terre de Gessen. » Cette terre était sur la route de Memphis à Gaza, et elle avait été donnée aux Israélites; car Joseph ayant présenté au roi d'Égypte son père et ses frères, ce prince lui dit : « Vous pouvez choisir dans toute « l'Égypte; faites-les demeurer dans l'endroit du pays qui vous « paraîtra le meilleur, et donnez-leur la terre de Gessen. »

Du point de départ des Israélites, une route directe se présentait à suivre au nord de la mer Rouge par l'isthme qui sépare l'Afrique de l'Asie, si Moïse n'avait craint le voisinage des Philistins; mais afin d'éviter toutes les guerres avec eux, de peur que les Hébreux ne vinssent à se repentir d'être ainsi sortis, et qu'ils ne retournassent en Égypte, il préféra suivre la côte occidentale de la mer Rouge.

Les enfants d'Israël partirent de *Rahmésès* ou *Ramassé*, à la vue de tous les Égyptiens, et vinrent camper à *Socoth;* ce mot, qui signifie *les pavillons* ou *Tente*, fait croire que ce nom ne s'applique point à une ancienne ville, mais à un simple campement.

Le second jour, les Israélites campèrent à *Etham*, que l'Écriture dit être situé à l'extrémité de la solitude. La position de Byr-Soueys, qui signifie *puits de Suez*, située à environ 4 kil. au nord-ouest de Soueys, à l'extrémité du désert, lorsqu'on vient de Sabâ-Byâr, paraît correspondre à la deuxième station des Israélites. En effet, la mer, faisant un coude vers l'occident, semble, en se joignant à la haute chaîne de Gebel-Attaka, terminer le désert au sud.

Le Seigneur parla ensuite en ces termes à Moïse : « Dites « aux enfants d'Israël qu'ils retournent et qu'ils campent de-

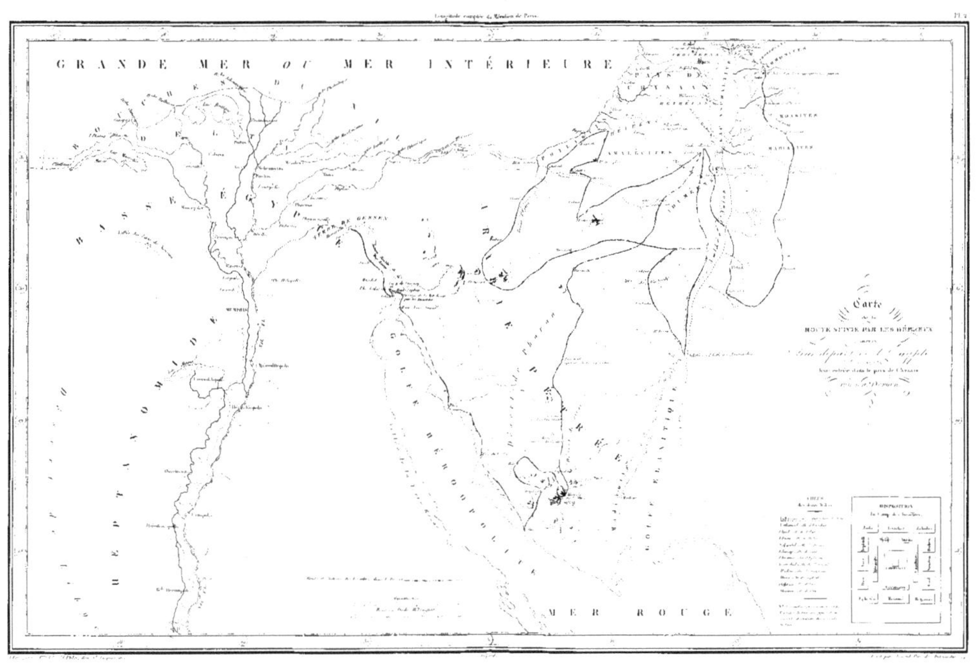

GRANDE MER OU MER INTÉRIEURE
MER ROUGE
BASSE ÉGYPTE
HEPTANOMIDE
GOLFE HÉROOPOLITE
GOLFE ÉLANITIQUE
AMALÉCITES
MOABITES
MADIANITES
MEMPHIS
Carte

« vant *Phi-Hahiroth,* qui est entre Magdal et la mer, vis-à-vis « de Beelsephon. Vous camperez vis-à-vis de ce lieu, sur le « bord de la mer. » La raison de cette marche rétrograde peut ainsi s'expliquer : Pharaon, instruit de la fuite des Israélites, et voulant s'opposer au départ de ce peuple, qui cherchait à secouer le joug de la servitude, quitta Memphis pour les poursuivre, et il les aurait atteints, si Moïse et les siens eussent continué leur route en suivant au midi les bords de la mer Rouge; ils durent donc rétrograder pour éviter la rencontre de l'armée ennemie, et ils campèrent devant *Phi-Hahiroth*, poste militaire des Égyptiens, à la vue des tentes et des chariots de Pharaon.

A 12 kilomètres environ au nord-ouest de Byr-Soueys, en se reportant vers la vallée de Sabâ-Byâr, on trouve un vieux château fort, nommé *Ageroud* ou *Hadjeroth.* Dans le texte hébreu, la syllabe *Phi* est toujours séparée de *Hahiroth.* La troisième station se nommait donc Hahiroth : sa ressemblance avec Hadjeroth est frappante. C'est vis-à-vis le château d'Ageroud, dans ce vaste bassin dont le sol, très-inférieur aux plus basses marées, porte encore tous les caractères de l'ancien séjour des eaux, que Moïse traversa la mer Rouge.

Qu'on se représente l'embarras des Hébreux lorsqu'ils aperçurent les Égyptiens; ils avaient la mer au levant; au nord *Phi-Hahiroth,* où étaient les postes avancés; au midi et au couchant l'armée ennemie. Le peuple d'Israël fut consterné en considérant sa position; il reprochait à Moïse de ne l'avoir conduit dans cette solitude que pour le faire périr, comme s'il n'y avait point assez de sépulcres en Égypte.

Ces murmures cessèrent quand Moïse, ayant étendu sa main sur la mer, le Seigneur l'entr'ouvrit en laissant les flots suspendus de chaque côté comme un mur de cristal. Les enfants d'Israël y entrèrent ; et, à mesure qu'ils avançaient, un vent brûlant séchait le terrain ; ils arrivèrent ainsi à l'autre bord à la troisième veille, c'est-à-dire à trois heures du matin.

STATIONS DES ISRAÉLITES DANS LE DÉSERT.

La presqu'île de Tor ou Sinaï, où le peuple de Dieu entra en quittant l'Égypte, et où il s'arrêta, est formée par les deux bras de la mer Rouge. Pline et Strabon parlent de ces deux bras; celui qui est à l'orient se nommait *Ælanites Sinus,* aujourd'hui Bahr el A'Qabah, mer d'A'Qabah ou de l'est : l'autre, qui est au couchant, et qui sépare l'Arabie de la Basse-Égypte, était appelé *Héroopolites Sinus,* aujourd'hui Bahr-el Qolzoum, c'est-à-dire mer de l'ouest. C'est à son extrémité qu'est situé le port de Soueys.

La portion de terrain comprise entre ces deux golfes, et qui a environ 6,400 kilomètres carrés de superficie, est couverte de montagnes, tantôt primitives, en granit et porphyre, tantôt de nouvelle formation, en grès et en pierres calcaires et gypseuses. Les vallées, qui sont habitées par plusieurs tribus arabes, produisent quelques broussailles, un petit nombre de tamaris et de mimosa, et quelques plantations de dattiers et de napecas. Elles sont peuplées de gazelles que les voyageurs rencontrent par troupes; il y a encore des chacals, des autruches, et quantité d'autres bêtes sauvages. En général, l'on peut dire que l'Arabie a beaucoup de rapports avec l'Afrique, par son climat, ses vastes plaines de sable et ses productions.

Le golfe Arabique ou mer Rouge, appelé par les géographes arabes Bahr-Qolzoum, si fameux dans l'histoire de Moïse, a donné de l'exercice aux savants pour connaître l'étymologie de son nom. A l'époque où le peuple d'Israël, en sortant de l'Égypte, entreprit la conquête de l'Arabie-Pétrée et celle de la Palestine, le golfe Arabique était nommé *Iam Suph,* que les interprètes traduisent par *mer de jonc* ou *d'algue,* soit que son extrémité en fût remplie au temps de Moïse, soit que ce nom lui vînt de la grande quantité de coraux et de madrépores dont son lit a toujours été parsemé.

Quelques auteurs pensent que les Juifs nommèrent aussi le golfe Arabique, mer d'*Edom* ou de l'Idumée, parce qu'elle bornait au midi les cantons occupés par les Arabes descendants d'Ésaü, surnommé *Edom* ou *le Roux*; et l'on a cru que cette épithète, qui désignait la couleur des cheveux d'Ésaü, était l'origine du nom de *mer Rouge*, que ce golfe a conservé.

Après avoir quitté le rivage de la mer Rouge, les Israélites arrivèrent à *Mara,* c'est-à-dire *Amertume.* La position de *A'Youn Mousa,* ou la fontaine de Moïse, située sur la rive occidentale du golfe de Soueys, à 16 kilomètres au sud de la ville, et presqu'en face de la vallée de l'*Egarement*, est l'endroit où nous croyons qu'a dû être la station de *Mara.*

De Mara, les Israélites arrivèrent à *Elim,* où il y avait douze fontaines et soixante-et-dix palmiers, et ils campèrent auprès des eaux. Cette station ne peut guère s'écarter de l'endroit nommé aujourd'hui *Hammâm Fara'Oun, bains de Pharaon,* à 96 kilomètres sud-ouest de Soueys.

Ce lieu est remarquable par ses sources d'eaux thermales, qui coulent au pied d'une montagne de 292 m 50 à 390 mètres d'élévation. En sortant de la baie de Corondel, où sont situées ces sources, on entre dans une vallée qui contient beaucoup d'arbres, même de petits bocages de dattiers.

Toute la multitude des enfants d'Israël étant partie d'*Élim*, vint au désert de *Sur* ou *Sin*, qui est entre Elim et Sinaï. Ce fut dans ce désert que les Hébreux manquant de vivres, Dieu fit tomber la *manne*, qui leur servit de nourriture, jusqu'au temps où ils se disposèrent à passer le Jourdain pour entrer dans la terre promise.

Nous croyons que le nom de *Tor* est assez ancien pour qu'on y cherche le *Sur* de Moïse, et que la côte occidentale du golfe de Soueys, depuis Tor jusqu'à Hammâm-Fara'Oun, était l'emplacement du désert de Sur.

De Sin, le peuple de Dieu alla camper à *Daphca*, puis à *Alus*, et d'*Alus*, il vint dresser ses tentes à *Raphidim*.

C'est à cette dernière mansion ou station (que nous plaçons à la dernière extrémité du *Ouady Farân*) que le peuple se trouvant pressé par la soif, Moïse fit jaillir des sources d'eaux de la pierre d'Horeb.

On ne doit pas confondre ce rocher dont parle l'Écriture avec le mont Horeb, qui en est distant de cinq à six cents pas. Ce rocher, que l'on rencontre à l'ouest du mont Sinaï, après être sorti de la vallée de Farân, nous est représenté comme un bloc de granit d'environ 4 m 48 carrés ; il laisse voir sur sa surface verticale une rigole d'à peu près 2 c 43 de largeur, sur 94 millimètres de profondeur, traversée par dix à douze stries ou coupures de 40 millimètres à 54 millimètres de profondeur, que le séjour de l'eau a formées sur cette pierre miraculeuse. Telle est la force de cette tradition sacrée, que, de nos jours, les Arabes mettent de l'herbe dans ces anciennes bouches, et la font manger à leurs chameaux malades.

A peine le peuple eut-il bu de ces eaux miraculeuses, qu'un nouvel embarras survint : Amalec vint à *Raphidim* combattre contre Israël. Le pays des Amalécites était dans l'Arabie-Pétrée, au nord de la mer Rouge. Cette nation, inquiète de voir si près d'elle un peuple innombrable qui cherchait un pays pour s'y établir, vint attaquer les Hébreux. Cette armée ennemie fut mise en déroute par le secours de Dieu. Josué était à la tête des combattants que Moïse leur opposa.

« Le premier jour du troisième mois depuis que les en-« fants d'Israël furent sortis de l'Égypte, ils vinrent au dé-« sert de Sinaï. Étant partis de Raphidim, et arrivés en ce « désert, ils campèrent au même lieu, et Israël y dressa ses « tentes vis-à-vis de la montagne. »

Le mont *Khouryb* ou *Horeb*, au pied duquel est situé le couvent de Sainte-Catherine, est un mamelon de la montagne de Sinaï. Ces deux monts forment une masse de montagnes que les Arabes appellent *Gebeb-Musa*, et qui a plusieurs journées de tour. Elle est composée en grande partie de grès et de granits. Le pic de Sinaï est presque tout de roc et de granit rougeâtre et à gros grains. Le Gebeb-Musa a beaucoup de belles sources ; cependant elles ne sont abondantes qu'après de grosses pluies. On trouve au bas du mont Horeb des vallées fertiles, où sont des jardins plantés de vignes, de poiriers et de dattiers.

Les Israélites s'arrêtèrent dix mois et dix jours dans le désert de Sinaï. Pendant ce long séjour, Moïse y reçut les tables immortelles du Décalogue, publia les lois pour les cérémonies religieuses, fit construire le tabernacle, installa Aaron, son frère, dans le sacerdoce, fit le dénombrement des Hébreux par tribus, et forma celle de Lévi pour veiller à la garde du tabernacle ; après quoi il reçut l'ordre de Dieu de marcher à la conquête de la terre promise.

Le dixième jour du premier mois de la seconde année, depuis leur sortie d'Égypte, les Israélites partirent du désert de Sinaï, rangés dans leurs diverses tribus, dans l'ordre suivant : les premiers étaient la *tribu de Juda*, dont Nahasson, fils d'Aminadab, était le chef ; la *tribu d'Issachar* marchait la seconde, sous les ordres de Nathanaël, fils de Suar ; Éliad, fils d'Hélon, commandait la *tribu de Zabulon* ; immédiatement après venait le tabernacle, porté par les enfants de Gerson et de Merari ; les enfants de la *tribu de Ruben* le suivaient sous les ordres d'Élisur, fils de Sedeür ; Salamiel, fils de Surisaddaï, commandait la *tribu* des enfants de *Siméon* ; Éliasap, fils de Duel, était le prince de la *tribu de Gad* ; les enfants d'*Éphraïm* prirent rang dans leur *tribu* ; Élisama, fils d'Ammiud, était le prince de ce corps ; la *tribu de Manassé* obéissait à Gamaliel, fils de Phadassur ; Abidan, fils de Gédion, était chef de la *tribu de Benjamin* ; Phégiel, fils d'Ochran, était le prince de la *tribu* des enfants d'*Aser* ; et Ahira, fils d'Énam, commandait la *tribu de Nephtali*. Ceux qui partirent les derniers furent les enfants de la *tribu de Dan*, sous les ordres de Ahiézer, fils d'Ammisaddaï.

Après trois jours d'une marche fatigante, les Israélites dressèrent leurs tentes au nord du désert de Sinaï. Comme ils avaient eu beaucoup à souffrir dans cette vaste et horrible solitude, et qu'ils murmuraient, Dieu, mécontent de leurs plaintes, lança contre eux une flamme miraculeuse, qui dévora tout ce qui était à l'extrémité du camp. La prière de Moïse apaisa l'incendie. Cette mansion ou station fut appelée *Tabera* ou l'*embrasement*.

Dieu, qui désirait éprouver son peuple et la constance de son chef, suscita parmi les enfants d'Israël, qui étaient dégoûtés de la manne, le désir de manger de la chair; alors un vent excité par le Seigneur enleva des cailles dans les contrées situées au delà de la mer, et les transporta autour du camp, où le peuple alla les prendre; mais ceux qui mangèrent de cette viande furent frappés d'une plaie mortelle. La station *Isere-moth* en fut appelée les *sépulcres de concupiscence*.

L'emplacement exact de ces nouvelles stations n'est point connu; mais nous pensons qu'elles devaient être dans le désert de *Tych*, qui s'étend entre la presqu'île de Sinaï et le *Gebel Helès*, montagnes qui séparent les déserts de l'Arabie-Pétrée de la Palestine. Le nom de *El Tych*, que porte aujourd'hui le désert où Moïse conduisit les Hébreux, paraît relatif à ce grand événement, car il signifie le pays *où l'on erre*.

La station qui suit et où s'arrêtèrent les Hébreux se nommait *Hazeroth*. C'était, selon saint Jérôme, une habitation des Héthéens. C'est dans ce lieu que Marie et Aaron parlèrent contre Moïse, à cause de sa femme Séphora. Pour punir Marie de sa témérité, Dieu la rendit lépreuse, et ordonna qu'elle fût séparée du camp : Moïse obtint du Seigneur sa guérison et sa réinstallation au milieu de ses frères.

Nous avons déterminé la station de *Cadès-Barné* d'après la distance donnée par Moïse au deuxième verset du Deutéronome : « Il y avait *onze journées* de chemin depuis la mon-
« tagne d'Horeb en venant jusqu'à Cadès-Barné, par la mon-
« tagne de Séir. » De plus, saint Jérôme place cette ville auprès de *Pétra*, dont on retrouve encore les ruines dans la vallée de El-Ghor, au sud du lac Asphaltite. La mansion ou station de *Rethma*, où les Israélites campèrent après être sortis de Hazeroth, était si voisine de Cadès-Barné, que l'Écriture les confond, en plaçant dans l'une et dans l'autre l'aventure des députés et le murmure du peuple, parce que le camp s'étendait sur le territoire de ces deux villes.

Ce fut dans la mansion de Cadès-Barné que Moïse avertit les Israélites qu'ils devaient se préparer à conquérir le pays de Chanaan, et que, par l'ordre de Dieu, il envoya des hommes d'entre les principaux de chaque tribu pour aller reconnaître le pays que l'Éternel destinait à son peuple.

Les envoyés revinrent quarante jours après, et, par la description qu'ils firent des habitants et des villes fermées de murailles, ils remplirent d'effroi les Israélites.

Josué, fils de Nun, et Caleb, fils de Jephoné, cherchèrent à rassurer le peuple en lui rappelant que si le Seigneur ne cessait de leur être favorable, il leur livrerait cette terre. Ces remontrances ne furent point écoutées, et il s'éleva de violents murmures contre Moïse. La colère de Dieu se fit entendre sur le tabernacle d'alliance, et la sentence prononcée contre le peuple pour le punir de ne point obéir à la voix du Seigneur, fut que ceux qui avaient vu l'Égypte et qui ne cessaient de la regretter, ne verraient point la terre promise, et que Caleb et Josué, les seuls fidèles, y entreraient avec les nouveau-nés élevés dans la crainte de Dieu.

Après que la sédition fut apaisée, Moïse, pour obéir à l'ordre de Dieu, qui lui enjoignait de reconduire le peuple d'Israël au désert qui mène à la mer Rouge, tourna longtemps autour du mont Séir, et prit le chemin du côté de l'Égypte.

Au sortir de *Rethma*, les Israélites campèrent à la station *Rhemmon-Pharès*, puis à *Lebna*.

De Lebna, les Hébreux se rendirent à *Ressa* et y dressèrent leurs tentes. *Céelatha* et le *mont de Sepher* viennent dans l'ordre des stations; après cette dernière mansion, Moïse et son peuple s'arrêtèrent à *Arada*. Celles qui suivent sont : *Maceloth*, *Thabath*, *Tharé*, *Methca* et *Hesmona*. Josué, dans son livre, parle de Hesmona ou Asemona, qu'il place vers le torrent d'Égypte.

Toutes ces différentes stations n'ont été faites qu'aux environs des torrents qui se trouvent entre *El-Arych* et *Refah*, au nord des montagnes de l'Idumée.

En quittant Hesmona, les Israélites marchèrent vers la mer Rouge en tirant sur la gauche, et allèrent camper à *Maseroth*, puis à *Béné-Jaacan*, et ensuite aux environs des montagnes de *Gadgad*. A partir de ce dernier point, les stations qui suivent, et qui sont celles de *Jetebatha* et d'*Hebrona*, eurent lieu sur la rive méridionale de la vallée El-Ghor et El-Aqabah, qui s'étend depuis l'extrémité sud du lac Asphaltite jusqu'au golfe de l'Aqabah, bras oriental de la mer Rouge. Enfin, le retour des Hébreux vers le désert de Sinaï se termina à *Ailath* ou Élath.

Ailath, ou *Elath*, ou *Asiongaber*, était un port célèbre à l'extrémité de la mer Rouge. Cette ville est la même que celle que le voyageur Niebuhr appelle, d'après les Arabes bédouins, *Aqabah* et *Hœle*.

En quittant Asiongaber, Moïse conduisit les Israélites, en remontant vers le septentrion, au désert de Zim, sur la frontière des Iduméens. Là était la mansion ou station de *Cadès-Barné*, où mourut Marie, sœur de Moïse et d'Aaron, qui fut enterrée au voisinage de Cadès.

Les Israélites ayant décampé de Cadès, vinrent à la montagne de *Hor*, qui est sur les confins du pays des Édomites, et où Moïse eut ordre de conduire Aaron, son frère, et Éléazar, fils du grand-prêtre. A la vue du peuple assemblé, il dépouilla Aaron de ses vêtements pontificaux, et en revêtit Éléazar, son fils, pour qu'il lui succédât. Aaron mourut et fut enterré en cet endroit.

De la montagne de Hor, Moïse partit par le chemin qui conduit à la mer Rouge, afin d'éviter le pays d'Édom. Le peuple, se figurant qu'on le reconduisait encore au sud de l'Arabie, recommença ses murmures contre Dieu et contre Moïse. Tant d'emportement et d'insubordination furent punis; le Seigneur envoya dans le camp des serpents dont les morsures causèrent de grands ravages. C'est à cause de cet événement que cette station prit le nom d'*Oboth*, qui signifie serpent.

D'Oboth, les Hébreux reprirent le chemin du nord, en suivant la vallée qui s'étend du lac Asphaltite à la mer Rouge, et se rendirent à la frontière des Moabites, dans le voisinage de *Gie-Abarim*, où ils campèrent. Ensuite, ils traversèrent les torrents de *Zared* et d'*Arnon*, qui se jettent dans la partie orientale de la mer Morte, et arrivèrent à l'orient du fleuve Jourdain, sans avoir entrepris de soumettre ni les Iduméens, qui se trouvaient à la gauche de leur route, ni les Madianites, qui étaient à leur droite. Du passage du torrent Zared à celui de l'Arnon, il y eut deux mansions ou stations, celle de *Dibongad*, située au bord septentrional de la première rivière, et celle de *Helmon-Deblathaim*, dans le désert de *Cademoth*. De ce dernier lieu, le peuple d'Israël se rendit au pied des montagnes d'*Abarim*, vis-à-vis celle de *Nebo*, au nord-ouest de l'Arnon.

Après le passage de l'Arnon se trouvent encore deux mansions dans les plaines de *Moab*, jusqu'au rivage du Jourdain, vis-à-vis Jéricho. Ce sont *Beth-Simoth* et *Abel-Satim*.

Le peuple de Dieu s'arrêta encore quelques jours au bas des montagnes d'Abarim, d'où Moïse envoya des députés à Sehon, roi des Amorrhéens, pour lui demander le passage de ses terres, et tout ce qui était nécessaire pour la nourriture des Israélites, ainsi que l'avaient accordé les enfants d'Ésaü, qui habitent en Séïr, et les Moabites, qui demeurent à Ar. Sur le refus du roi Sehon d'acquiescer aux demandes de Moïse, les Israélites s'emparèrent de sa capitale *Hesebon*, et tout son pays tomba au pouvoir des Hébreux. Selon l'historien Josèphe, le pays occupé par les Amorrhéens était enfermé entre trois fleuves, savoir, l'Arnon au midi, le Jabok au nord, et le Jourdain à l'occident.

Cette première conquête fut suivie de celle du pays de *Basan*, qui s'étendait à l'orient du Jourdain, depuis le pays de Galaad jusqu'aux *monts Hermon*, que les Sidoniens appelaient *Sarion*, et les Amorrhéens *Sanir*. Og, roi de Basan, ne put tirer avantage de sa taille gigantesque, ni des forces de son état; il fut entièrement défait, et, comme le roi Sehon, il perdit la vie dans la mêlée. Toutes ses villes tombèrent au pouvoir des Israélites.

A la suite de tant de victoires signalées, et après avoir soumis les contrées fertiles situées à la gauche du Jourdain, Moïse annonça au peuple que Dieu lui avait refusé d'entrer dans la terre promise, pour avoir une seule fois douté de sa puissance, et il proclama, au nom de l'Éternel, Josué pour son successeur. Ayant gravi, sur la pointe du *Phasga*, le sommet le plus élevé de la montagne de Nebo, le Seigneur lui montra de cette élévation tout le pays de Chanaan, et il mourut sur cette montagne, sans que personne ait jamais connu le lieu de sa sépulture.

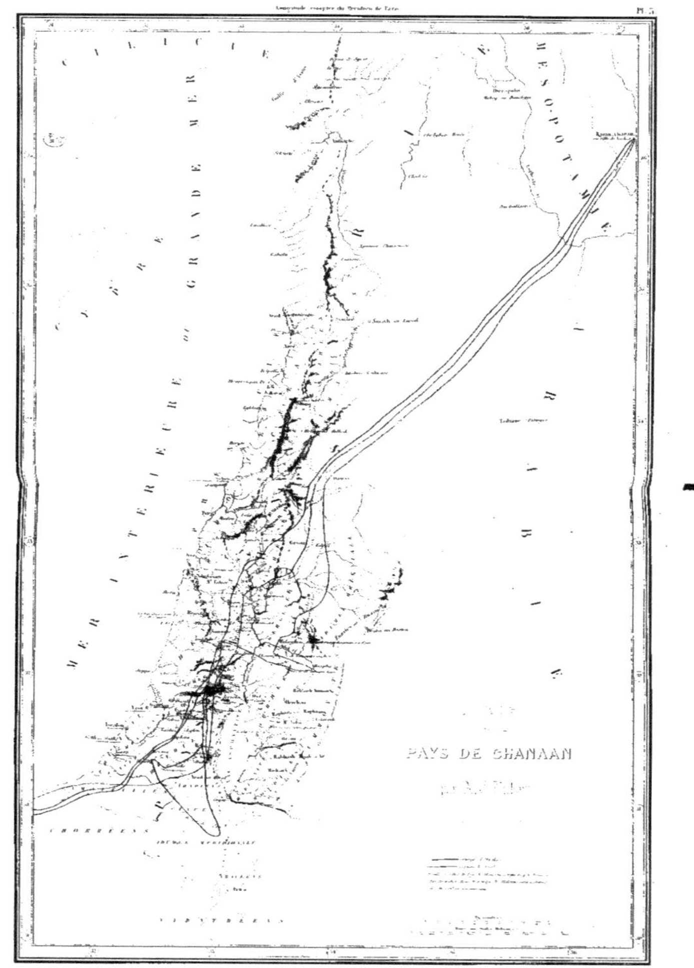

Pl. 5
PAYS DE CHANAAN
MESOPOTAMIE
ARABIE
MER INTERIEURE ou GRANDE MER
CILICIE
CHORREENS

DE LA TERRE DE CHANAAN.

TOUT Israël en deuil, campé dans les plaines de Moab, pleurait depuis trente jours son héros législateur. Josué, fils de Nun, était celui que l'Éternel avait choisi pour conduire le peuple dépositaire de ses promesses dans le pays où, quatre cents ans auparavant, Abraham avait passé en quittant la Mésopotamie.

Depuis la mort d'Abraham jusqu'à l'invasion de la terre promise par les Israélites, la postérité de Chanaan s'était beaucoup multipliée. Elle devint une nation nombreuse et puissante, dont chaque canton portait le nom de quelqu'un des fils ou descendants de leur père commun. Ce sont les peuples qui occupaient cette contrée délicieuse que l'Écriture appelle l'héritage du Seigneur et son sanctuaire, que nous allons faire connaître, avant que nous ne décrivions le partage de ce pays entre les douze tribus d'Israël.

Cham, pour la faute qu'il avait commise envers Noé, son père, avait été maudit de Dieu, ainsi que tous ses descendants. Chanaan, fils de Cham, eut une postérité nombreuse. La Genèse nous apprend que ses fils furent Sidon, Héthéus, Jébuséus, Amorrhéus, Gergéséus, Hévéus, Aracéus, Sinéus, Aradius, Samaréus et Amathéus; et que c'est par eux que les peuples chananéens se sont répandus depuis en divers endroits, en prenant les noms de leurs ancêtres.

Les fils de Chanaan, lassés de vivre sous des tentes dans les déserts de l'Arabie, s'avancèrent jusqu'au Liban et vers la mer Méditerranée, qu'ils appelèrent *la grande mer*. A la vue d'un beau pays entrecoupé de plaines, de montagnes et de rivières, et qui donnait des productions de toute espèce, ils arrêtèrent leurs courses, et abandonnèrent la vie pastorale. Ils bâtirent des villes et se livrèrent, les uns à l'agriculture, et les autres à la navigation. Une partie de cette nouvelle population s'étendit au nord des chaînes du Liban, et l'autre au sud de ces mêmes montagnes, le long de la Méditerranée et du Jourdain. Nous allons parler de ces différents peuples.

DES SIDONIENS.

Sidon, l'aîné de tous les enfants de Chanaan, et le père de tous les Phéniciens, bâtit la ville qui porta son nom. Tyr, qui ne fut élevée que longtemps après par une colonie de Sidoniens, effaça la gloire de sa rivale. Sidon devint indépendante de Tyr, puisque, l'an 1015 avant Jésus-Christ, Salomon pria Hiram, roi de Tyr, de donner des ordres aux Sidoniens de couper sur le mont Liban le bois dont il avait besoin pour la construction du temple de Jérusalem. Lorsque Salmanazar entra en Phénicie, les Sidoniens secouèrent le joug des Tyriens et se donnèrent à ce prince.

L'historien Josèphe nous apprend que, 570 ans avant Jésus-Christ, Apriès, roi d'Égypte, étant entré dans la Phénicie, emporta Sidon de vive force, ce qui lui fit soumettre toutes les autres villes qui en dépendaient. Cyrus ayant fait la conquête de cette ville, les Sidoniens obtinrent la permission des Perses d'avoir leur roi particulier, et prirent part à toutes les expéditions de leurs nouveaux maîtres.

Sidon fut ruinée l'an 351 avant Jésus-Christ, sous le règne d'Ochus, roi de Perse, et reconstruite, selon Diodore, par les habitants qui s'étaient trouvés hors de leur ville pendant le massacre de leurs concitoyens. Après la célèbre bataille d'Issus, qui livra l'entrée de la Phénicie à Alexandre, les Sidoniens envoyèrent faire leur soumission à ce prince, qui chargea Ephestion de donner un roi à cette ville. Après la mort d'Alexandre, elle passa aux rois d'Égypte, ensuite à ceux de Syrie, jusqu'à l'époque où elle tomba sous la domination des Romains.

Suivant Strabon, Sidon était située sur le continent, et possédait un beau port creusé par la nature. Aujourd'hui, ce n'est plus qu'une médiocre ville, sous le nom de Saïde.

Les Sidoniens, *Sidonii*, occupaient dans la terre de Chanaan la partie maritime qui s'étend depuis le fleuve Éleuthérus, aujourd'hui *Nahar el Kebir*, jusqu'au mont Carmel. Dans la suite, les Sidoniens poussèrent leur domination jusqu'à Gaza, et même jusqu'à Pelusium. Ils ont été les premiers et les plus fameux négociants sur mer. Entre toutes les colonies phéniciennes, les plus célèbres furent celles de Gadès, aujourd'hui *Cadix*, et de Carthage, qui fut par la suite la rivale de Rome.

DES HÉTHÉENS.

Les Héthéens, *Hethœi*, issus du deuxième fils de Chanaan, habitaient le territoire d'Hébron, aujourd'hui *Gebel-Khalyl*, et de Bersabé, qui se trouve compris dans les montagnes au sud de Jérusalem. C'est dans leur pays que les premiers patriarches ont demeuré. C'est là qu'Abraham acheta à Éphon, qui demeurait au milieu des enfants de Heth, le champ qui renfermait la *caverne-double*, pour y ensevelir Sara, qui était morte dans la ville d'Arbée ou Hébron. Ésaü avait épousé Judith, fille de Béer, héthéen, et Basemath, fille d'Élon, du même pays, qui toutes deux s'étaient mises mal dans l'esprit d'Isaac et de Rébecca. Esdras, instruit par les chefs des tribus que le peuple d'Israël, les prêtres et les Lévites, s'étaient alliés avec des filles héthéennes, et avaient par là mêlé la race sainte avec les nations réprouvées de Dieu, obligea les prêtres de se séparer de leurs épouses.

DES JÉBUSÉENS.

Les Jébuséens, *Jebusœi*, descendants du troisième fils de Chanaan, s'étaient établis le long du torrent du Kédron, et dans les environs de *Salem* ou Jérusalem. La ville de Salem, que Melchisédech avait fait bâtir du temps d'Abraham, devint ensuite la capitale des Jébuséens, ce qui lui fit donner le nom de *Jebus*. Ils la possédèrent jusques au temps où David la leur enleva. Assujettie à la domination de ce nouveau chef, elle prit le nom de cité de David; mais dans la suite on l'appela *Jérusalem*, nom composé de ses deux premières dénominations.

DES AMORRHÉENS.

Les Amorrhéens, *Amorrhœi*, issus du quatrième fils de Chanaan, peuplèrent d'abord les montagnes qui sont au couchant de la mer Morte ou lac Asphaltite; mais ils s'étendirent surtout à l'est de cette mer, entre les torrents d'Arnon, aujourd'hui *Mudscheb*, et de Jabok, aujourd'hui *Serka*, dans une contrée d'où ils avaient chassé les Ammonites et les Moabites. Ce peuple, dont le prophète Amos compare la taille gigantesque à la hauteur des cèdres, et sa force à celle des chênes, était déjà nombreux quand, du temps d'Abraham, Chodorlahomor, roi des Élamites, les subjugua, et prit leur ville, qui alors se nommait Asasonthamar. Les rois Séhon et Og régnaient sur eux lorsque les Israélites, qui revenaient de l'Arabie et se disposaient à entrer dans la Terre promise, firent la conquête de ce pays et de ses capitales, Hésébon (aujourd'hui *Husban*) et Basan.

DES GERGÉSÉENS.

Les Gergéséens, *Gergesœi*, descendaient de Gergéséus, cinquième fils de Chanaan. Ils habitaient au nord des Amorrhéens, sur les rives orientales du Jourdain, aujourd'hui *Nahr el Arden*, et de la mer de Galilée ou Tibériade, aujourd'hui *Tabaryeh*. Leur ville capitale, Gergésa, qui, selon saint Jérôme, se nommait Gargasa avant les conquêtes de Josué, doit être la même que celle désignée sous le nom de Gadara parmi les villes décapolitaines, et dont on retrouve les ruines dans le village moderne de *Mkès* ou *Om-Keis*.

DES HÉVÉENS.

Les familles des Hévéens, *Hevœi*, étaient éparses. Les unes demeuraient dans les vallées du mont Hermon, aujourd'hui *Dschibbal-el-Schech*, au delà du Jourdain, à l'orient de la terre de Chanaan; et les autres au sud-ouest de la Palestine, aux environs de Haserim et Gaza, aujourd'hui *Ghazzah*. Le Deutéronome nous apprend que les Captoriens, étant venus jusque dans cette contrée, exterminèrent les Hévéens, et s'établirent à leur place. Cependant, il en subsistait encore au temps des conquêtes des Israélites. Les Gabaonites, le seul peuple de la terre de Chanaan qui fit alliance avec Josué, étaient Hévéens. Au temps des premiers patriarches, ils s'étaient établis au centre de la Palestine, dans les environs de Sichem, aujourd'hui Nâplous, et de Samarie, connue encore aujourd'hui sous le nom de *Sébaste*. Ce qui prouve que les Hévéens occupaient ce pays, c'est que Sichem, fils d'Hémor, qui enleva Dina, fille de Jacob et de Lia, était un prince hévéen.

DES ARACÉENS.

Les Aracéens, *Aracœi*, nom du peuple qui descendait d'Aracéus, septième fils de Chanaan, habitaient un canton du voisinage de Sidon. Leur ville capitale était Arcé, ou Actipus, que l'historien Josèphe qualifie de maritime. Ils quittèrent cette demeure, et montèrent vers le septentrion, pour s'établir entre Antaradus, aujourd'hui *Tortosa*, et Tripolis, aujourd'hui *Tarabolos*, où ils établirent une ville du même nom, qui, selon Étienne le géographe, était située sur une colline au pied du mont Liban. L'itinéraire d'Antonin place un Arcœ, ou Arcas, entre Antaradus et Tripolis, à 32 milles de la première ville, et 18 de la seconde.

Plusieurs auteurs ont pensé que la ville d'Arcé, qui depuis

fut nommée Pétra, et qui donna son nom à l'Arabie-Pétrée, avait été possédée par une colonie d'Aracéens.

DES SINÉENS.

Les Sinéens, *Sinæi*, sont les peuples les moins connus de la nation chananéenne. Saint Jérôme les place au nord des Aracéens. Sinna, forteresse du mont Liban, que Strabon nous représente comme étant une de celles qui servaient de refuge aux Iturœens et aux Arabes, avait été, à ce que nous croyons, la demeure principale des Sinéens.

DES ARADIENS.

Les Aradiens, *Aradii*, habitaient dans la terre promise avant l'invasion des Israélites, dans une ville d'Arad ou Ared, au midi de la Palestine. Eusèbe la place dans le voisinage de Cadès, à quatre milles de Malathis et vingt milles d'Hébron.

Le roi d'Arad ayant appris que des envoyés d'Israël étaient venus par le *chemin des espions*, les combattit, et les ayant vaincus, il en emporta les dépouilles. Mais dans la suite, les Aradiens ayant été vaincus par les Hébreux sous la conduite de Josué, ils se retirèrent dans la Phénicie, et s'établirent dans une petite île que Josèphe nomme Arude, et Ptolémée Aradus, aujourd'hui *Rouad*.

Selon Strabon, l'île d'Aradus était éloignée du continent de 20 stades, et avait environ 7 stades de tour. Elle était toute couverte d'habitations, et si peuplée que les maisons y avaient un grand nombre d'étages. Pomponius Mela nous apprend que l'île, par son étendue, est peu considérable, mais cependant très-peuplée, parce qu'on peut aisément y construire des habitations les unes au-dessus des autres.

La ville d'Arad, qui occupait presque toute l'étendue de l'île, eut, dans ses commencements, ses rois particuliers; mais dans la suite elle fut assujettie par les Tyriens. C'est au moins ce que nous prouve un texte d'Ézéchiel, où il est dit : « Les « habitants de Sidon et d'*Arad* ont été vos rameurs; et vos « sages, ô Tyr, sont devenus vos pilotes. Les Aradiens avec « leurs troupes étaient tout autour de vos murailles; et les « pygmées, qui étaient sur vos tours, ont suspendu leurs car- « quois le long de vos murs, afin qu'il ne manquât rien à « votre beauté. »

Quand les Perses se rendirent maîtres de la Phénicie, Arad eut des rois tributaires de la Perse. Arrian dit que Strabon, fils de Géralostrate, qui régnait dans cette ville, alla au-devant d'Alexandre, qui le confirma lui et son père dans la possession du royaume d'Arad. Elle fut, quelque temps après, possédée par les Lagides, à qui l'Égypte était échue sous les successeurs d'Alexandre.

Antiochus Épiphanes, à son retour de l'Égypte, soumit les Aradiens, prit leur ville, et ravagea toute la province. Pompée, ayant fait la conquête de la Syrie, les Aradiens passèrent sous la domination romaine.

DES SAMARÉENS.

Les Samaréens, *Samaræi*, n'étaient point éloignés des Aradiens. Symire, leur capitale, était située dans une plaine à 8 kil. 888^{m} au nord du mont Liban, à 32 kil. 552^{m} au sud-sud-est d'Antaradus, et à 6 kil. 666^{m} au sud du fleuve Eleutherus, aujourd'hui *Nahr-el-Kebyr*. Le voyageur Shaw a reconnu les ruines de cette ancienne ville dans le village de *Samrah*.

Strabon nous représente le canton de Symira comme étant entre le territoire des Aradiens et celui de l'Orthosiade. Ptolémée place Symire entre l'embouchure du fleuve Eleutherus et Orthosia.

DES AMATHÉENS.

Les Amathéens, *Amathæi*, habitaient, avant la conquête de la terre promise par les Israélites, les vallées du mont Liban. Ces peuples, vaincus par les Hébreux, se retirèrent dans la Phénicie *du Liban*, où, dans la suite, ils bâtirent la ville d'Amath, ou Emath, sur l'Oronte, aujourd'hui *Nahr-el-A'ásy*. Suivant toutes les probabilités, cette ville est la même que celle d'Emesa, connue aujourd'hui sous le nom de *Hems*, et qui a joué un si grand rôle sous les rois séleucides.

Selon l'historien Josèphe, une colonie d'Amathéens bâtit la ville d'Amath près du lac Génézareth, aujourd'hui *Tabaryeh*. Saint Jérôme la place au levant de Gadara, au delà du Jourdain.

Depuis l'arrivée d'Abraham, jusqu'à la conquête que ses descendants firent de la terre promise, plusieurs autres peuples s'y étaient établis.

Les plus remarquables sont les Amalécites, les Chorréens,

les Iduméens, les Nabathéens, les Moabites, les Ammonites, les Madianites, les Philistins, etc.

DES AMALÉCITES.

Les Amalécites, *Amalechitæ*, descendaient d'Amalech, qu'Éliphaz, fils aîné d'Ésaü, avait eu de Thamna. Ils possédaient une partie du pays appelé Arabie-Pétrée, au sud de l'Idumée, et à l'orient de la partie septentrionale de la mer Rouge. Il paraît même que pendant quelque temps ils formèrent un royaume assez puissant, qui s'étendait jusqu'à l'Égypte. Ils attaquèrent les Israélites, après leur passage de la mer Rouge, mais ils furent battus.

Moïse, avant sa mort, ordonna l'extinction de ce peuple, pour les crimes qu'il avait commis envers des Hébreux que la lassitude avait obligés de s'arrêter en arrière du camp. Ce ne fut qu'au temps de Saül que commença sa destruction. Ce monarque, par les victoires qu'il remporta sur les Amalécites, affaiblit considérablement cette nation, mais son anéantissement n'eut lieu que sous le règne d'Ézéchias, roi de Juda. Depuis cette époque, ce peuple fut dispersé : une partie alla s'établir en Perse; Aman, favori d'Artaxerxès à longue main, était de cette nation.

DES CHORRÉENS.

Chorréens, *Chorræi*, est le nom véritable du peuple nommé plus ordinairement Horréens, *Horræi*. Ils occupaient le pays de Séïr, au midi et à l'orient de la terre de Chanaan. Lors de l'expédition de Chodorlahomor, le territoire des Chorréens ou Horréens s'étendait jusqu'aux montagnes de Pharan qui sont dans la solitude. Dans la suite, cette nation ayant été chassée de son pays, et exterminée par les enfants d'Esaü, ceux-ci s'y établirent. Moïse défendit à son peuple de les attaquer, parce qu'ils possédaient une terre que le Seigneur leur avait concédée.

DES IDUMÉENS.

Les Iduméens, *Idumæi*, habitaient l'Idumée, province de l'Arabie-Pétrée, au sud du pays de Chanaan. Ils tiraient leur nom d'Édom ou d'Ésaü, qui y avait établi sa demeure. Du vivant de Jacob ils occupaient les montagnes de Séïr, à l'orient et au sud-ouest de la mer Morte. On motive cette opinion sur ce qu'il est dit dans la Genèse que ce patriarche envoya avertir de sa venue son frère Ésaü, en la terre de Séïr, au pays d'Édom. Les Iduméens se répandirent beaucoup au delà de la mer Morte, dans l'Arabie, et à l'orient du Jourdain.

L'Idumée, *Idumæa*, au temps de Moïse et des rois de Juda, n'était qu'un petit pays, qui, dans la suite, s'étendit au sud et à l'orient de la Palestine. Elle fut divisée en orientale et en méridionale.

Bosra, ou Bostra, capitale de l'Idumée orientale, est, selon la table de Peutinger, située sur les confins de la Palestine, à l'orient de Tibériade.

Sous le règne de Trajan, cette ville fut ornée de différents édifices, et obtint le surnom de *Trajane*. L'empereur Septime-Sévère lui fit tant de nouvelles augmentations, qu'il en fut regardé comme le fondateur. Il lui accorda le nom et les honneurs de métropole. Les ruines de cette ancienne cité se trouvent encore aujourd'hui dans la plaine d'Haouran, entre le *Ouady Zedi* et le *Ras-el-Beder*, petits torrents qui prennent leurs sources au *Gebel Haouran*, le mont Alsadamum des anciens.

La ville de Pétra, capitale de l'Idumée méridionale, est nommée par Danville *Petra Nabathæorum regio*. Cette ville devint dans la suite la capitale de l'Arabie-Pétrée. Dans plusieurs notices elle se trouve attribuée à la Palestine, et il fut un temps où elle eut le titre de capitale de la troisième Palestine.

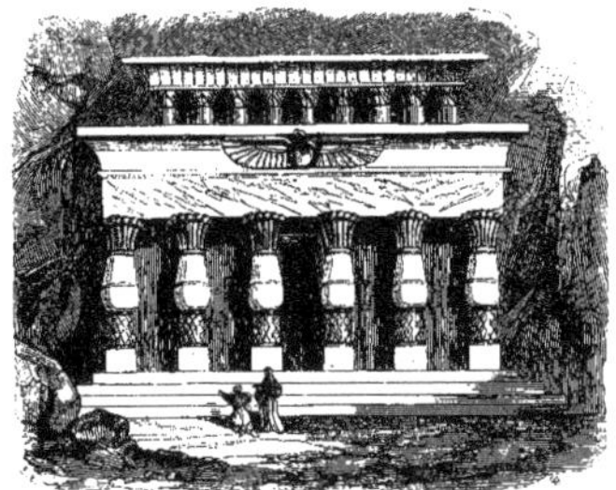

Suivant Strabon, la ville de Pétra, où les Minéens et les Gorrhéens apportaient leurs parfums pour les y vendre, doit son nom à sa position sur un terrain uni, formant un plateau, mais défendu tout autour par une chaîne de rochers, garnis au dehors d'escarpements et de précipices, et renfermant dans leur enceinte des sources abondantes qui fournissent l'eau nécessaire à la consommation et à l'arrosement. Hors de cette enceinte, la majeure partie du pays est déserte, principalement du côté de la Judée. De cette ville on compte, par le plus court chemin, trois ou quatre journées de marche jusqu'à Jéricho, et cinq jusqu'au *Phœnicôn*.

Les Iduméens furent d'abord gouvernés par des chefs ou princes, et ensuite par des rois. David les assujettit. Dans la suite ils furent subjugués par Holopherne, général des troupes assyriennes. Lors du siége de Jérusalem par Nabuchodonosor, ils se joignirent à lui pour ruiner cette ville jusqu'en ses fondements. Plus tard, Jean Hircan les dompta et les obligea à se soumettre à toutes les observances de la loi des Juifs, et ils restèrent ainsi sujets des rois de Judée jusqu'à la ruine de Jérusalem par les Romains.

DES NABATHÉENS.

Les Nabathéens, *Nabathæi*, ou les Nabathéniens, descendaient d'Ismaël. Une branche de leur race, issue de Nabajoth, fils aîné d'Ismaël, résidait dans l'Arabie-Pétrée, entre la presqu'île de Sinaï et le territoire occupé par les Iduméens. Cette colonie des Nabathéens est la seule qui ait eu quelque liaison avec les Israélites. Judas Machabée et Jonathas son frère, poursuivant leurs conquêtes trois journées au delà du Jourdain, dans le désert, les Nabathéens vinrent au-devant d'eux, et ils les reçurent avec amitié et dans un esprit de paix. Dans une autre circonstance, Jonathas envoya son frère auprès des Nabathéens, qui étaient leurs amis, pour les prier de leur prêter leur équipage, qui était fort grand.

Diodore de Sicile, dans le second livre de son histoire, fait mention de ce peuple : « Il y a, dit-il, des Arabes orientaux, qu'on appelle Nabathéens, qui cultivent quelques vallons fertiles; mais la plus grande partie du pays qu'ils occupent est un désert qui manque d'eau et produit peu de chose.

DES MOABITES.

Moab, c'est-à-dire *engendré du père*, fils de Loth, fut la souche des Moabites, *Moabitæ*. Ce peuple habitait au midi de l'Arnon et au levant de la mer Morte, et avait pour capitale la ville de Rabbath-Moab, aujourd'hui *Robba*, dont l'étendue des ruines annonce encore son ancienne importance. Rabbath se nommait Ar, dont les Grecs ont fait Aréopolis, *la ville de Mars*, croyant y trouver le nom de leur dieu Arès, le même que Mars. Il est dit dans le Deutéronome que Dieu avait donné Ar aux enfants de Loth, afin qu'ils la possédassent. Ce pays était occupé avant eux par les Émim, c'est-à-dire *terribles*, peuple grand et puissant, et d'une si haute taille, qu'on les croyait de la race d'Énac, comme les géants.

Les Moabites n'étaient pas compris dans l'anathème prononcé contre les Chananéens; Dieu avait défendu, au contraire, de combattre contre eux; mais Balac, leur roi, s'étant servi de Balaam pour perdre le peuple d'Israël par une perfidie insigne, le Seigneur ordonna de leur livrer bataille, et ils furent taillés en pièces.

Plus tard le Seigneur, pour punir les Israélites de leur ingratitude et de leur infidélité à sa loi, suscita contre eux les Moabites, qui, s'étant joints aux Ammonites et aux Amalécites, les tinrent dans l'oppression pendant dix-huit ans, après lesquels Aod, fils de Gera, défit Églon, roi des Moabites, et délivra le peuple de Dieu.

DES AMMONITES.

Les Ammonites, *Ammonitæ*, dont il est beaucoup parlé dans l'Écriture-Sainte, étaient descendants d'Ammon, deuxième fils de Loth. Ils s'étaient établis à l'est de la Palestine, à quelque distance au nord-est du lac Asphaltite. Avant la famille d'Ammon, ce pays était occupé par les Zomzommim, c'est-à-dire *scélérats*, peuples qui, comme les Émim, étaient nombreux et d'une taille fort élevée.

Les Ammonites étaient un des peuples que Dieu avait défendu aux Hébreux d'attaquer; mais ceux-ci, jaloux des merveilles que l'Éternel avait opérées en faveur d'Israël, furent les premiers agresseurs, et méritèrent d'être tout à fait subjugés dans la suite par les Israélites.

Au commencement du règne de Saül, Naas, roi des Ammonites, se mit en campagne, et attaqua les Israélites en Galaad; mais il fut défait par Saül. Enfin David le réduisit sous son obéissance.

Naas supporta ce joug sans se révolter; mais Hanon, fils de ce prince, ayant insulté les ambassadeurs que David lui avait envoyés pour le complimenter sur la mort de son père, David envoya contre lui une forte armée commandée par Joab, qui le battit, malgré les secours que les Ammonites avaient reçus de leurs alliés les Syriens.

Après les persécutions qu'Antiochus Épiphanes fit éprouver aux Juifs, il n'est plus guère parlé des Ammonites, qui probablement furent confondus avec les Arabes.

Rabbath-Ammon était la capitale de l'*Ammonitis Regio*, le pays des Ammonites. Cette ancienne résidence de plusieurs rois, et qui par la suite devint célèbre sous le nom de *Philadelphia*, parmi les villes décapolitaines, se reconnaît encore aujourd'hui dans ses ruines imposantes. Elle est placée sur un des affluents de la *Serka*, qui porte le nom de *Nahr-Ammân*.

DES MADIANITES.

Les Madianites, *Madianitæ*, descendaient d'Abraham par Cétura, que ce patriarche avait épousée après la mort de Sara. Ils habitaient sur les bords orientaux de la mer Morte, et le long des torrents de Zared et de l'Arnon. Ils éprouvèrent plusieurs révolutions : tantôt vaincus, tantôt vainqueurs, ils furent défaits par Adad, roi d'Idumée, qui leur enleva Avith, leur ville de défense. Ils furent, dans la suite, emmenés captifs par Holopherne, général des troupes de Nabuchodonosor, roi d'Assyrie.

La célèbre colonie des Madianites était divisée en deux grandes portions, dont l'une eut une ville et un pays sur la mer Morte : c'est celle dont nous venons de parler. L'autre eut pareillement une ville dans la presqu'île de Sinaï, sur le bras oriental de la mer Rouge. C'est dans cette dernière ville que Moïse, avant la délivrance des Hébreux, se retira auprès de Jéthro, prêtre de Madian, dont il épousa la fille Séphora.

Madian, ville royale, située entre les torrents de Zared et d'Arnon, était la capitale des Madianites de la terre de Chanaan. On en voyait encore les restes du temps d'Eusèbe et de saint Jérôme.

DES PHILISTINS.

Les Philistins, *Philistæi vel Allophili*, qui ont donné leur nom à la terre de Chanaan, quoiqu'ils n'en occupassent qu'une partie, étaient issus de Mesraïm, fils de Cham. Les prophètes Jérémie et Amos les font sortir de l'île de Caphtor ou Caphthor. Nous pensons, avec l'abbé Pluche, que le *Caphtor* de l'Écriture-Sainte pourrait bien être l'Égypte moyenne ou la province de *Coptos*. La proximité des pays et l'identité d'origine s'accordent également pour appuyer cette opinion.

Avant que Josué eût distribué la terre de Chanaan aux Israélites, les Philistins étaient déjà puissants, et ils furent le peuple dont il a été fait le plus souvent mention dans l'histoire des Juifs, surtout depuis le gouvernement de Samson. David les soumit entièrement, et ils ne se remirent en liberté que sous les derniers rois de Juda. Ils tombèrent ensuite sous la domination des Perses, ainsi que sous celle d'Alexandre le Grand. Après les persécutions d'Antiochus Épiphanes, les Asmonéens démembrèrent diverses villes du pays des Philistins, qu'ils assujettirent à leur domination.

Le pays occupé par les Philistins s'étendait le long de la côte de la mer Méditerranée, au sud de la Palestine. Leurs principales villes étaient : Azot, ou Azotus, Ascalon et Gaza.

DES ÉNACIMS.

Les Énacims, ou Énaciens, ou les enfants d'Énac, voisins des Philistins, étaient un peuple d'une haute stature. Les espions que Moïse avait envoyés pour examiner le pays de Chanaan, en parlant de ce peuple, le traitèrent de géant. Josué ne put le vaincre entièrement. Caleb, fils de Jéphoné, le poursuivit avec plus d'avantage, et s'établit à Hébron, qui auparavant s'appelait Cariath-Arbé, et qui lui appartenait. Les restes de ces hommes fiers et superbes s'allièrent avec les Philistins et ne formèrent plus qu'une seule et même nation.

DES PHÉRÉZÉENS.

Au livre d'Esdras il est fait mention des Phérézéens, à qui les chefs des tribus vinrent annoncer que le peuple d'Israël, les prêtres et les Lévites ne s'étaient point séparés des abominations des peuples de Chanaan, puisqu'ils avaient épousé leurs filles. C'était un peuple vagabond, qui, s'étant emparé de quelque terrain vacant, ne logeait que sous des tentes ou dans quelques villages. Il demeurait ordinairement entre Béthel et Haï, où Abraham s'était arrêté en revenant de l'Égypte, et dans le pays où fut bâtie, longtemps après, la ville de Samarie.

DES CINÉENS.

Les Cinéens, *Cinæi*, étaient issus de Cénez, fils d'Éliphaz, et par conséquent descendaient d'Esaü, comme les Amalécites, dont ils étaient voisins. Plusieurs auteurs ont distingué trois peuples de ce nom. Le premier se trouvait entre les peuples chananéens; le second, à ce que l'on croit, descendait des Madianites; et le troisième, de *Chamalle*. Il est parlé des Cinéens dans le premier livre des Rois. Dieu ordonna à Saül d'exterminer les Amalécites; mais, avant d'obtempérer à l'ordre qu'il avait reçu de l'Éternel, ce monarque dit aux Cinéens : « Allez, retirez-vous, séparez-vous des Amalécites, de peur « que je ne vous enveloppe avec eux. Car vous avez usé de « miséricorde envers les enfants d'Israël lorsqu'ils revenaient « de l'Égypte. » Jahel, femme de Haber, qui enfonça un clou dans la tête de Sisara, général des armées de Jabin, roi des Chananéens, était Cinéenne. Il ne faut pas confondre cette nation avec celle des Cénézéens, qui probablement s'était mêlée avec d'autres peuples; car l'Écriture-Sainte n'en fait plus mention depuis Abraham.

DES ÉTHIOPIENS.

D'après les Grecs, qui avaient rendu le nom de *Chus* par celui d'*Æthiops, face brûlée*, on donnait indistinctement le nom d'Éthiopiens à tous les peuples qui habitaient les divers cantons de l'Arabie. Cette nouvelle dénomination devint commune à presque toutes les familles éthiopiennes, quoiqu'elles dussent être désignées par le nom de Chuséens, de Chus, leur père commun. Il suit de cette remarque qu'on ne doit pas se méprendre sur les termes de Chus ou d'Éthiopie et d'Éthiopiens, dont il est fait souvent mention dans l'Écriture-Sainte. C'est toujours l'Arabie, surtout la Déserte et la Pétrée, qu'il faut entendre par ces mots.

Tels étaient les peuples voisins, ou habitants de la Terre promise, avant que les Israélites, sous la conduite de Josué, y entrassent. Ce pays, appelé dans l'Écriture *pays de Chanaan*, fut, dans la suite, désigné sous le nom de Palestine, *Palæstina*. Ce furent les Romains qui employèrent ce nom, formé de *Philistim*.

LIMITES DU PAYS DE CHANAAN.

Le pays de Chanaan, ou Terre promise, était borné : au nord, par les monts Liban; à l'orient, par l'Arabie-Déserte et le lac Asphaltite, ou mer Morte; au midi, par l'Arabie-Pétrée; enfin, à l'occident, par la grande mer, ou mer Méditerranée. Il s'étendait, en latitude, depuis le 31e degré 15 minutes jusqu'au 33e degré 20 minutes, et en longitude, depuis le 32e degré 35 minutes jusqu'au 34e degré 15 minutes; ce qui lui donnait dans sa plus grande longueur 253 kil. 308m, et dans sa plus grande largeur 164 kil. 428m.

ANCIENNE FERTILITÉ DU PAYS DE CHANAAN.

Cette contrée, dont le Seigneur mit son peuple en possession, et que l'Écriture nous dépeint comme un lieu de délices, ne peut être jugée d'après l'état où on la voit aujourd'hui. Toujours ravagée par des guerres continuelles, jusqu'au moment où elle succomba sous le pouvoir des Turcs, elle a tout perdu, population, industrie et richesse; et, pour comble de malheurs, l'Osmanlis, envoyé du ciel comme un fléau pour tout désoler, règne en paix sur les lieux mêmes où l'homme-Dieu s'est sacrifié pour racheter nos péchés et nous laver de la tache originelle.

L'ancienne fertilité de ce pays est tellement constatée par les auteurs anciens, qu'il nous est impossible de la révoquer en doute. Tous s'accordent à nous représenter la Palestine comme étant embellie de montagnes agréables, de vallées délicieuses et de belles prairies. L'on y rencontrait, disent-ils, des forêts de distance en distance, et partout s'élevaient des villes somptueuses. Ezéchiel nous apprend que les Israélites recueillaient une grande quantité de blé et d'orge. L'historien Josèphe vante son huile et son miel. Selon lui, les montagnes de Juda et d'Ephraïm étaient de grands vignobles, et ses jardins produisaient tous les fruits. Diodore de Sicile regardait la Palestine comme une région fortunée, arrosée par de belles fontaines dont les eaux rendaient la terre féconde. Pline nous décrit ses beaux palmiers et principalement son baume, le seul endroit du monde où il se trouva. L'on comprendra aisément comment, dans un pays, petit il est vrai, mais où se trouvaient tant de richesses territoriales, la population ait été si nombreuse, surtout dans un temps où le principal fondement de la politique était cette maxime du sage : *La multitude des peuples est la gloire du roi, et le petit nombre des sujets est la honte du prince.*

DES EAUX DE LA TERRE DE CHANAAN.

Il n'y a, à proprement parler, qu'une rivière dans la Terre-Sainte, qui est le Jourdain, *Jordanes*, appelé aujourd'hui par les Arabes *Nahr el Arden*. Les anciens avaient donné le nom de source du Jourdain à la source de la rivière de *Baniàss*, qui prend son origine près d'une grotte remarquable creusée dans un rocher, sur la pente des montagnes. A 8 kil. 888m environ à l'orient de *Baniàss*, l'ancienne *Cæsarea Philippi*, est le petit lac Phiala, aujourd'hui *Birkel el Ram*, indiqué sur la carte de d'Anville sous le nom de *Lacus Phiala fons Jordanis.* Effectivement, Philippe, le tétrarque, ayant fait jeter de la paille dans ce lac, on la trouva peu de temps après dans la source du Panion, *Baniàss.* Mais dans le fait, quelle que soit la beauté de la source de la rivière de Baniàss, il paraît que la véritable origine du Jourdain est due à la source de la petite rivière d'*Hasbény*, le *Jordanes Minor* des anciens, qui prend son origine à 2 kil. 222m à l'ouest de *Hasbéia*, sur la pente méridionale des montagnes du Liban.

Le Jourdain, après un cours de 59 kil. 996m dans la direction du nord au sud, forme un petit lac plus considérable que celui de Phiala, et que Josèphe nomme *Samochonites lacus* : il est aussi appelé *Aquæ Merom*, vraisemblablement d'après ce passage de l'Ecriture où il est dit : que les Chananéens, après s'être rassemblés, furent tous défaits par Josué auprès des eaux de Merom. Ce petit lac, qui est presque à sec pendant l'été, se nomme aujourd'hui *lac Hauleh.*

Au sortir de ce lac, le Jourdain, après avoir parcouru un espace de 15 kil. 554m dans la même direction, entre dans le *Lacus Gennesaritis* : l'Écriture parle souvent de ce lac, que l'Évangile appelle aussi la mer de Tibériade. Suivant Strabon, il produisait le jonc aromatique, le roseau odorant, et le balsamier. Josèphe, qui lui donne cent stades en longueur et quarante en largeur, nous vante son eau très-bonne à boire, ainsi que les plantes très-rares qu'elle nourrissait.

La vallée dans laquelle se trouve le lac de Gennésareth, ou Tibériade, nommé aujourd'hui *Tabaryeh*, favorise, par la concentration de la chaleur, la végétation des dattiers, citronniers, orangers, indigos; tandis que le terrain plus élevé fournit toutes les productions des climats tempérés. Son étendue, dans sa plus grande longueur, est de 17 kil. 776m et, dans sa plus grande largeur, de 8 kil. 888m.

Après être sorti du lac de Gennésareth, le Jourdain continue sa course, l'espace de 106 kil. 656m, dans la belle vallée *El-Ghor*, toujours dans la même direction du nord au sud, jusqu'à son embouchure dans le lac Asphaltite, ou mer Morte.

Ce fleuve partageait la Terre promise en deux parties inégales; celle qui est à l'orient était beaucoup plus étroite que l'autre. L'endroit où s'effectua le passage miraculeux du Jourdain, quand Josué, à la tête des Israélites, entra dans la Terre promise, était à 4 kil. 444m au-dessus de son embouchure, entre le sud et l'orient de Jéricho.

Le lac Asphaltite, ou mer Morte, qui a remplacé cette fertile vallée où s'élevaient les villes de la Pentapole, est nommé aujourd'hui par les Arabes *Bahhéiret-Lûth* ou *Bahharét-Lûth*, ou *Birket-Lûth.* Son eau est claire et limpide, mais aussi salée qu'une eau amère de saline. Le sel qu'on en retire est d'excellente qualité, et se produit surtout sur la rive orientale, en gros morceaux, souvent de 32 cent. d'épaisseur. Cette production a lieu dans les endroits inondés par la mer, du temps des pluies; car les Arabes ne se donnent pas la peine

de creuser des fossés pour y faire évaporer l'eau. Les pierres même des bords se couvrent, comme dans nos salines, d'une incrustation calcaire et gypseuse. Ce sel n'est employé que dans une partie de la Palestine. Le lac Asphaltite a environ 79 kil. 992m dans sa plus grande longueur, sur 26 kil. 664m dans sa plus grande largeur.

Les autres rivières de la Terre-Sainte ne sont que des torrents, ou des courants passagers : les uns se jettent dans la mer Méditerranée, les autres vont grossir le Jourdain, ou se déchargent dans la mer Morte.

Les torrents qui, en commençant vers le midi, se jettent dans la mer Méditerranée, sont : le *torrent d'Égypte*, le *Besor*, le *torrent de Sorec*, et *ceux des Philistins*, de *Gaas*, des *Roseaux*, les eaux de *Mageddo*, les torrents du *Cison* et de *Jephtaël*, les fleuves *Belus* et *Léontes*, les eaux de *Maserephoth*, et enfin le fleuve *Eleuthère*.

Le torrent d'Égypte prend sa source dans les montagnes d'Idumée, aujourd'hui *Gebel-Helès* ; il a son cours du sud au nord, et son embouchure dans la mer Méditerranée, entre Rhinocorura, aujourd'hui *El-A'rych*, et Raphia, aujourd'hui *Refah*. Ce torrent est le même que celui qu'Isaïe, dans sa prophétie contre l'Éthiopie, et Sophonie dans ses menaces contre Jérusalem et Juda, ont appelé le *fleuve d'Éthiopie*, parce qu'il séparait les peuples chuséens ou éthiopiens de la Judée. Josué, dans le partage qu'il fit de la tribu de Juda, dit que ses limites du côté du midi s'étendront jusqu'au *torrent d'Égypte*, et se termineront à la grande mer.

Le torrent de Besor prend sa source dans les montagnes de Judée. Il est fait mention de ce torrent dans l'histoire de David, lorsque ce prince, à la tête de six cents hommes, poursuivant les Amalécites qui avaient pillé et brûlé la ville de Siceleg, passa le torrent de Besor.

La vallée de Sorec est arrosée par le torrent du même nom, qui prend sa source dans les montagnes de Judée au nord de Jérusalem, au-dessous d'Ascalon, après un cours de 93 kil. 324m dans la direction du sud-nord-ouest.

Au nord du torrent de Sorec, est le *Nahr el Roubin*, qui se jette dans la mer, à 15 kil. 555m au sud de Joppé, aujourd'hui *Jaffa* ou *Yâfah*, après un cours de 55 kil. 328m dans la direction de l'est à l'ouest. Ce torrent, qui a sa source dans les montagnes de la Judée, comme les autres, est celui nommé *des Philistins*, où David ramassa les cinq pierres avant d'aller combattre Goliath. Ce fut aussi près du Nahr el Roubin que Jean Hyrcan battit les troupes de Cendebée, général de l'armée d'Antiochus.

Le torrent de Gaas, aujourd'hui *Nahr el Arsouf*, a son embouchure à 17 kil. 776m au nord de Joppé, où il arrive après un cours de 48 kil. 884m. Il en est fait mention au deuxième livre des *Rois :* dans la nomenclature que David fait des vaillants hommes de ses armées, il cite Heddaï, du torrent de Gaas.

Le torrent des Roseaux, aujourd'hui *Nahr el Kasab*, qui a son embouchure à 15 kil. 552m au sud de Cæsarea, aujourd'hui *Qaysâryeh*, servait de limite méridionale à la demi-tribu de Manassé, qui se trouvait en deçà du Jourdain.

Au nord du torrent des Roseaux, sont les eaux de Mageddo, où les rois de Chanaan furent défaits par les Israélites. Ce petit torrent, qui n'a que 17 kil. 776m de cours, se jette dans la mer au nord de Cæsarea.

Plusieurs auteurs pensent que le Cison prend sa source au midi du mont Thabor, et d'autres, qu'il vient des montagnes qui sont à l'orient de la plaine d'*Esdrelon*. Toutefois le Cison, après avoir reçu quantité de petits torrents, passe entre le mont Carmel et les montagnes qui sont à l'est, et vient se jeter dans la mer, par la partie sud-ouest de la *baie* d'*A'Kkah*. La partie de la montagne qui est dans l'angle que forme la baie, est l'endroit où le prophète Elie fit descendre le feu du ciel sur l'holocauste qu'il offrit, après que les prêtres de Baal eurent inutilement invoqué leur dieu depuis le matin jusqu'au soir ; sur quoi il les fit tous mourir sur les bords du torrent de Cison. Ce fut aussi auprès de ce torrent qu'arriva la défaite de Sisara, général des armées de Jabin, roi des Chananéens ; puisque Débora dit dans son cantique : « Le torrent de Cison a entraîné leurs corps morts. »

Au nord du Cison est le torrent de Bélus, célèbre par son sable qui se vitrifie. Il prend sa source dans un petit lac que les anciens appelaient *Cenderia Palus*, et qui est à environ 15 kil. 555m de son embouchure au sud de Ptolémaïs.

Le fleuve Léontes, aujourd'hui *Nahr Qasmié*, prend sa source du côté de *Balbek*, et coule dans une plaine fertile de 53 à 57 kil. de long, sur environ 17 à 22 kil. de large, formée par les deux chaînes de montagnes connues sous le nom de *Liban* et d'*Anti-Liban*. L'embouchure de ce fleuve est à 4 kil. 444m au nord de Tyr, aujourd'hui *Sour*.

Josué, dans le partage qu'il fit de la Terre promise, dit : « Tous ceux qui habitent sur la montagne, depuis le Liban « jusqu'aux eaux de *Maserephoth*, et tous les Sidoniens, c'est « moi qui les exterminerai devant la face des enfants d'Israël : « que ces pays tombent donc dans la portion de l'héritage

« d'Israël, comme je vous l'ai ordonné. » D'après ce passage de Josué, il nous a paru évident que les eaux de Masrephoth devaient avoir leur source dans les montagnes du Liban, et devaient ne pas être éloignées de Sidon; ce qui nous a fait penser qu'elles correspondaient au *Nahr Aloua*, petit torrent qui, après un cours de 33 kil. 332ᵐ, se jette dans la mer à 4 kil. 444ᵐ au nord de Sidon, aujourd'hui *Saïde*. Josué poursuivit les Chananéens jusqu'au torrent de Masrephoth, après les avoir battus aux eaux de Merom.

Le fleuve Eleuthère, aujourd'hui *Nahr el Kebyr*, a son embouchure au sud d'Antaradus, aujourd'hui *Tortosa* : Jonathas Machabée accompagna Ptolémée Philométor, roi d'Égypte, jusqu'au rivage de cette rivière.

Si nous passons à l'orient de la mer Morte et du Jourdain, nous rencontrerons, en remontant du midi au septentrion, les torrents de *Zared* et d'*Arnon*, la fontaine de *Callirhoé*, le torrent de *Carith*, les eaux ou le lac de *Jazer*, et les torrents de *Jaboc* et d'*Hieromax*.

Les torrents de Zared et d'Arnon, qui ont leur embouchure dans la partie orientale de la mer Morte, sont célèbres dans l'histoire des Israélites, qui les traversèrent, en quittant le désert, pour entrer dans la Terre promise. La vallée que traverse l'Arnon, aujourd'hui *le Mudscheb*, est très-agreste et profonde, et est couverte d'absinthe et d'autres plantes et arbustes odoriférants.

Les eaux de la fontaine de Callirhoé se jettent au nord du lac Asphaltite, à 22 kil. 220ᵐ au-dessus de l'Arnon. On retrouve cette fontaine dans les sources chaudes qui sont à l'ouest du mont Nebo, aujourd'hui *Attarus*.

Le torrent de Carith arrosait la tribu de Gad : ce fut auprès qu'Elie de Thesbé se cacha pour fuir la colère de Jézabel, et qu'il fut nourri miraculeusement par des corbeaux.

Jérémie, dans sa prophétie de l'expédition de Nabuchodonosor contre les Moabites, parle du torrent de Jazer, qu'il appelle *mer* : c'est-à-dire *lac* : effectivement, il se trouve aux sources du torrent de Jazer, aujourd'hui *Nahr Szir*, plusieurs étangs, qui pouvaient bien former, aux temps reculés dont nous nous occupons, un lac assez grand. Ce torrent a son cours de l'orient à l'occident et se jette dans le Jourdain.

Le torrent de Jaboc, aujourd'hui la *Serka*, traverse une vallée profonde, dont les bords sont couverts de roseaux. Il prend sa source sur la route des Pèlerins de la Mecque, et forme la limite septentrionale du pays des Ammonites. A l'égard de l'Hiéromax, aujourd'hui *Schériât-Manàdra* ou *Schériât-Mandar*, il coule dans un lit de basalte, et a son embouchure dans le Jourdain, à quelque distance de la pointe méridionale du lac Tibériade, aujourd'hui *Tabàryeh*.

Au nombre des cours d'eaux qui se jettent à l'occident de la mer Morte et du Jourdain, et dont il est fait mention dans l'Écriture, on compte le *Nehel-Escol*, c'est-à-dire *le torrent de la Grappe*, ainsi appelé des belles grappes de raisins que les espions de Moïse y cueillirent en quittant le territoire d'Hébron pour revenir à Cadès-Barné. Ce torrent est le même que celui indiqué sur nos cartes, prenant sa source à l'ouest d'Hébron, et se jetant dans la partie méridionale du lac Asphaltite.

Après le Nehel-Escol est le torrent du Cédron, qui, après avoir pris sa source au nord de la montagne des Oliviers, continue son cours le long des vallées de Josaphat et de Siloë, près de l'encoignure sud-ouest de Jérusalem, d'où il se détourne vers le sud pour se jeter dans la mer Morte. La fontaine de Rogel se joignait à ce torrent.

Au sud de Jéricho, aujourd'hui *Ryhah*, dans un pays extrêmement fertile et couvert d'arbres et de pâturages, est le lit d'un petit torrent qui passe auprès d'une source dont l'eau est plutôt chaude que froide. Cette source est la fontaine d'Élisée, que cet homme de Dieu rendit saine à la prière des habitants de Jéricho, en jetant du sel dedans.

Parmi les torrents qui ont leur embouchure dans la partie occidentale du Jourdain, nous distinguerons 1° la fontaine du Soleil; puis le torrent d'Ephraïm, qui reçoit les eaux de la fontaine de Taphua, que Josué place dans la demi-tribu de Manassé, vers la frontière de celle d'Ephraïm; 2° la fontaine d'Harad, peu distante de la vallée de Jezraël, où les Madianites étaient campés quand Gédéon les défit. Ce fut au bord de ce ruisseau que le juge d'Israël, par l'ordre de Dieu, éprouva ses soldats; il ne retint avec lui que ceux qui avaient pris l'eau dans le creux de la main sans se mettre à genoux. 3° Quant à la fontaine de Daphnis, dont il est parlé dans le 34ᵉ chapitre des *Nombres*, elle ne peut être que le petit torrent qui prend sa source au pied du mont Tabor, et se rend dans le Jourdain un peu au-dessous de la pointe méridionale de la mer de Cénéreth, ou le lac de Génésareth de l'Écriture, aujourd'hui le lac de *Tabaryeh*.

DES MONTAGNES DE LA TERRE DE CHANAAN.

Les montagnes les plus connues dans la Terre-Sainte sont le Liban et l'Anti-Liban, qui la bornaient au nord : ces deux chaînes de montagnes, qui sont presque parallèles entre elles, sont séparées par une vallée qu'arrose le *Nahr-Qasmié* : c'est ce vallon qui est appelé dans l'Écriture *le passage d'Emath*, et qui plus tard fut désigné sous le nom de *Cœle-Syria*, ou Syrie creuse. Cependant nous devons faire observer que les auteurs anciens diffèrent sur les bornes de cette province, ou plutôt de ce canton; car Ptolémée et Pline ne sont pas d'accord entre eux. Nous remarquerons que ce dernier dit simplement *Cœle*, et sous-entend Syria. L'Hermon, aujourd'hui *Dschibbal el Schech*, assez souvent nommé Sanir et Sarion dans l'Écriture, était au nord de la Batanée.

Le Tabor, ou Itabyrius, était au milieu de la tribu de Zabulon. C'est sur cette montagne que la prophétesse Débora ordonna à Barac de conduire les troupes de Nephtali et de Zabulon pour combattre Sisara, dont l'armée fut défaite. Suivant Josèphe, le Tabor a 30 stades de hauteur, et à son sommet il y a une plaine de 26 stades de circuit.

La belle montagne du Carmel, fameuse dans l'histoire du prophète Élie, terminait la tribu d'Azer, proche la Méditerranée. Cette montagne était si fertile, que quelquefois son nom se prenait métaphoriquement pour l'emblème de la fertilité. Tacite, en parlant de la divinité qu'on adorait sur cette montagne, dit qu'elle n'avait ni simulacre ni temple, et qu'on y voyait seulement un autel sur lequel on lui offrait des victimes. Il ne faut pas confondre ce Carmel avec une colline du même nom, le *Carmelus Mons*, qui fait partie de la longue chaîne de montagnes qui se trouve au midi de la Palestine, dans la tribu de Juda. C'est là que David, se cachant pour fuir la colère de Saül, se retira chez ce Nabal, qui lui refusa des secours, et dont ce prince épousa ensuite la veuve Abigaïl.

Les monts Gelbœ, que nous appelons Gelboë, où périt l'armée de Saül, et où il perdit la vie, ainsi que Jonathas son fils, étaient dans la demi-tribu de Manassé, en deçà du Jourdain, à six milles de Bethsan ou *Scythopolis*, selon Eusèbe et saint Jérôme. Les monts Hébal et Garizim, non moins remarquables, étaient près de Sichem, dans la tribu d'Éphraïm.

Le mont Moria, ou Moriah, est à l'orient du mont Sion, dont il est séparé par la vallée Mello; ces deux montagnes étaient contiguës, sur les confins de Benjamin et de Juda. David bâtit son palais sur Sion, et Salomon le temple de Jérusalem sur Moria.

Le mont Nebo, ou Nabo, aujourd'hui *Attarus*, faisait partie du mont Abarim. Il était situé au nord du torrent de l'Arnon, entre le pays des Amorrhéens et celui des Moabites, dans la tribu de Ruben. Ce fut sur le sommet de cette montagne, nommé *Phasga*, que Dieu fit voir à Moïse toute l'étendue de la Terre promise, et qu'il lui révéla sa volonté, en lui annonçant qu'il n'y entrerait point, mais qu'il mourrait bientôt. Ce fut aussi dans une caverne de cette montagne que Jérémie cacha le tabernacle, l'arche d'alliance et l'autel des parfums, pour les sauver du pillage.

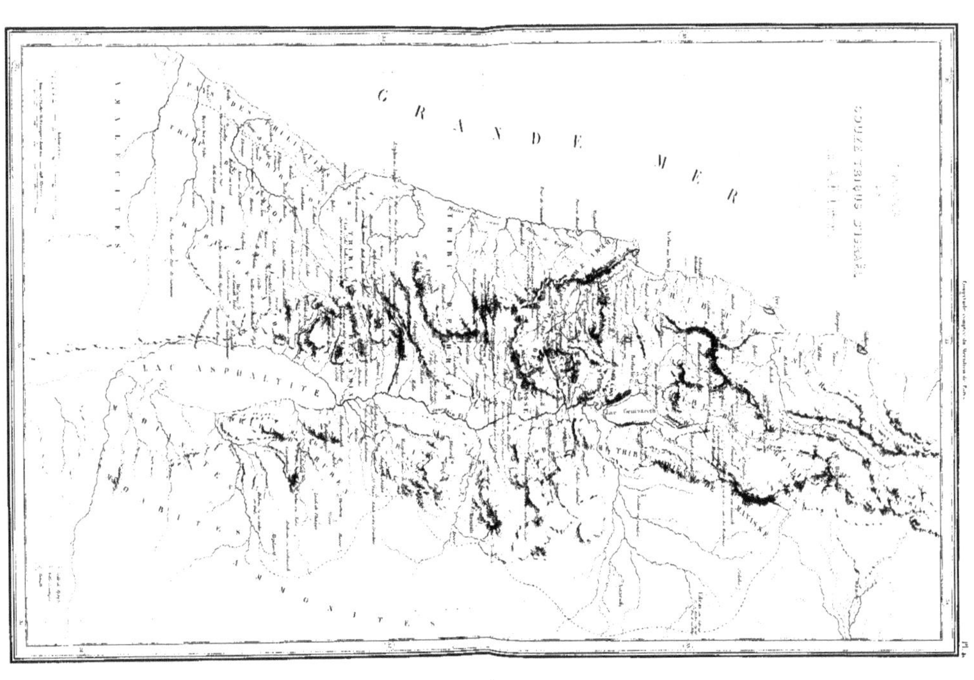
GRANDE MER
LAC ASPHALTITE
AMALECITES

Moïse mourut avant d'avoir pu établir son peuple dans la terre de promission, ou pays de Chanaan, situé à l'ouest du Jourdain. Mais Josué, qui avait été choisi par l'Éternel pour l'établissement du peuple d'Israël, auquel cette terre appartenait légitimement, puisqu'il descendait d'Abraham, à qui Dieu l'avait promise, y réussit après plusieurs combats contre les descendants de Cham.

Après que les Hébreux furent entrés dans le pays de Chanaan, et que Josué en fut possesseur, il le divisa en douze parties ou *tribus*, inégales en étendue, conformément à la bonté de la terre, et selon le nombre des personnes de chaque tribu. On en comptait douze portant les noms des fils ou petits-fils de Jacob. En voici la nomenclature, non pas selon l'ordre de leur situation, mais selon l'ordre de la naissance des enfants d'Israël : c'étaient les tribus de Ruben, Siméon, Juda, Dan, Nephtali, Gad, Aser, Issachar, Zabulon, Manassé, Ephraïm, Benjamin.

DE LA TRIBU DE RUBEN.

Ruben, c'est-à-dire *fils de la vision*, était le premier fils de Jacob et de Lia. Lorsque cette tribu entra dans la terre de promission, elle eut en partage une partie du royaume des Ammonites, entre les montagnes de l'Arabie déserte et de la mer Morte. Sa domination s'étendait entre le torrent d'Arnon, aujourd'hui *le Mudscheb*, et celui de Jazer, aujourd'hui *Nahr-Szir*.

La principale ville de cette tribu était Hésebon, aujourd'hui *Hasban*, située à l'orient du Jourdain; elle avait été la capitale de Sehon, roi des Amorrhéens. Les Hébreux en firent une ville lévitique. Du temps de Jérémie elle était une possession des Moabites, puisque dans sa prophétie contre l'expédition de Nabuchodonosor, le prophète s'écrie : « Moab « ne se glorifiera plus d'Hésebon : les ennemis ont fait des« sein de la perdre : Venez, ont-ils dit, détruisons-la : effa« çons ses habitants du nombre des peuples. Vous serez « donc réduite au silence, et l'épée vous suivra partout. »

Bosor était une ville de refuge située dans la solitude, vers la frontière de l'Arabie-Déserte. Elle s'agrandit au temps des Machabées, et devint une place de défense. Judas Machabée l'enleva aux Syriens et la brûla, pour punir les habitants de leur idolâtrie.

Misor, ou *dans la plaine du désert*, Mephanth, Jethson ou Cademoth, et Jaser ou Jassa, étaient au nombre des villes lévitiques. C'est auprès de la dernière que se livra la bataille entre les Israélites et Sehon, roi d'Hésebon, et où ce monarque perdit la vie. Ezéchiel nous représente Bethjesimoth, Béelmeon et Cariathaïm, comme étant des villes importantes. On retrouve encore aujourd'hui les ruines de Béelmeon, dans le village de *Maëin*, à l'ouest du mont Nebo ou Nabo, aujourd'hui *Attarus*.

Parmi les villes moins importantes de la tribu de Ruben, nous citerons Settim, où les Israélites étaient campés quand les femmes madianites les attirèrent aux sacrifices de Béelphégor. C'est aussi de cette ville que Josué envoya secrètement deux espions dans la ville de Jéricho. L'Ecriture met encore au nombre des villes de Ruben, Beth-Phogor, Asedoth-Phasga et Rebé.

DE LA TRIBU DE GAD.

Gad, c'est-à-dire *prospérité*, était le septième fils de Jacob. La tribu de ce nom était placée entre celle de Ruben, au midi, et celle de Manassé, au nord, et s'étendait, à l'orient du Jourdain, entre le torrent de Jazer, aujourd'hui *Nahr-Szir*, et celui de Jaboc, aujourd'hui *la Serka*. Elle possédait Jazer, ville lévitique, aujourd'hui *Szas*, toutes les villes de Galaad, la moitié de la terre des enfants d'Ammon, depuis Hésebon, ville de Ruben, jusqu'à Ramoth, et depuis Manaïm, ville lévitique, jusqu'aux confins de Dabir. Cette tribu s'étendait aussi au delà du torrent de Jaboc, dans la vallée de Beth-Aran, jusqu'à l'extrémité méridionale de la mer de Cénéreth, ou Génésareth, aujourd'hui *Tabaryeh*.

La ville de Ramoth, ancienne capitale de la tribu de Gad, était une ville de refuge, qui, dans la suite, fut usurpée par les Syriens sur les rois d'Israël. Achab, pour reprendre cette place, entreprit une guerre qui lui coûta la vie; il y avait fait enfermer le prophète Michée, qui lui avait prédit son désastre, afin de le punir lors de son retour. Joram, fils d'Achab, fut blessé devant cette ville.

Les autres villes du ressort de cette tribu étaient : Betharam ou Beth-Bera, Aroër, Etroth, Ataroth, Maspha, Socoth, Dibon, aujourd'hui *Dibân*, Sophan, Thesbé et Phanuel.

Beth-Bera est célèbre par la victoire miraculeuse que remporta Gédéon sur les Madianites. Maspha est la patrie de Jephté, dont le vœu imprudent lui coûta la vie de sa fille. C'est aussi dans cette ville que les Israélites s'assemblèrent pour la guerre qu'ils firent à la tribu de Benjamin, à l'occasion de l'outrage fait à la femme du lévite d'Ephraïm. Godolias, gouverneur de la Judée pour Nabuchodonosor, résidait à Maspha, et il y fut tué par Ismahel, fils de Nathalie, de la race royale. Judas Machabée, dans la guerre qu'il fit contre les Syriens, leur reprit Maspha, en fit tuer tous les hommes, en remporta les dépouilles, et brûla la ville.

Soccoth ou Socoth, qui veut dire *les tentes*, fut bâtie à l'endroit où Jacob s'arrêta en revenant de la Mésopotamie. Les habitants de Socoth ayant refusé des secours à Gédéon, qui poursuivait les Madianites, ce juge d'Israël, après sa victoire, fit déchirer les corps des principaux habitants de la ville et des sénateurs, avec les épines et les ronces du désert.

Dibon était une ville puissante qui avait appartenu aux Moabites; les Amorrhéens s'en étaient emparés, et ce fut sur ces derniers que les Hébreux s'en rendirent les maîtres. Isaïe, dans sa prophétie sur les châtiments que le Seigneur exercera contre les Moabites, dit : « Les eaux de Dibon seront remplies de sang, parce que j'enverrai à Dibon un surcroît « d'affliction; et j'enverrai le Lion contre ceux de Moab qui « auront échappé, et contre les restes malheureux de cette « terre. »

Thesbé est la patrie du prophète Elie.

Phanuel ou Pheniel, c'est-à-dire *la face de Dieu*, fut ainsi nommé par Jacob, qui lutta en ce lieu contre un ange qui le rendit boiteux. C'est à la suite de cette lutte que l'ange lui dit : « On ne vous nommera plus à l'avenir Jacob, mais Israël, c'est-à-dire *fort contre Dieu* : car, si vous l'avez été contre Dieu, combien le serez-vous davantage contre les hommes! » Les habitants de Phanuel, comme ceux de Socoth, ayant refusé des secours à Gédéon, il ruina leur ville de fond en comble.

DE LA DEMI-TRIBU DE MANASSÉ

AU DELA DU JOURDAIN.

Manassé, qui signifie *oubli*, était le fils aîné de Joseph et de Aseneth, fille de Putipharé. Il avait été adopté par le saint patriarche Jacob, lorsque celui-ci étant visité sur la fin de ses jours par son fils bien-aimé, il lui dit que ses deux enfants (Manassé et Ephraïm) seraient les siens. *Duo filii tui mei erunt.* Il leur donna sa bénédiction, et il dit à Joseph qu'il aurait, par-dessus ses frères, la portion de terrain conquise sur les Amorrhéens. Cette tribu fut donc divisée en deux parties : l'une occupa le nord de la Palestine, de l'autre côté du Jourdain, en commençant au fleuve vers la partie méridionale de la mer de Galilée, et remontant au nord de cette mer jusqu'au mont Hermon; l'autre fut placée en deçà du Jourdain, entre la tribu d'Issachar et celle d'Ephraïm, afin d'être au milieu de ses frères.

La demi-tribu de Manassé, au delà du Jourdain, était bornée : au midi, par la tribu de Gad; à l'ouest, par le Jourdain, la mer de Galilée et la tribu de Nephtali; au nord, par le mont Hermon; et à l'ouest, par la plaine au sud de Damas, connue aujourd'hui sous le nom de plaine d'Haouran.

Les deux villes capitales de cette demi-tribu étaient Astaroth et Edraï. La première, que l'on retrouve encore sous le nom de *Mezareib*, au nord du district de *el Bottein*, sur la rive septentrionale du *Schériât-Manadrà*, avait été la résidence d'Og, roi de Basan. Ce fut dans cette ville que les Philistins exposèrent dans le temple de leurs idoles les armes de Saül, après sa mort sur les montagnes de Gelboé. La deuxième ville est célèbre dans l'Ecriture par la bataille qui se livra sous ses murs, entre les Israélites, sous la conduite de Moïse, et Og, dernier roi de Basan, qui y perdit la vie. La ville d'Edraï, aujourd'hui Draa, située à l'est de la route des pèlerins de la Mecque, est actuellement ruinée et presque déserte; on n'y trouve aucun reste de la belle architecture ancienne. La plupart des maisons modernes sont bâties en basalte.

Josué nous apprend que cette demi-tribu comprenait tous les royaumes d'Og, roi de Basan, dans lesquels se trouvaient Argob, qui, du temps de saint Jérôme, était encore un bourg situé à quelque distance du Jourdain; ensuite Selcha, qui était à l'extrémité septentrionale du territoire de cette tribu; et Golan, aujourd'hui *Tseil*, ville de refuge, au centre. On lui donne encore Bosra, ville lévitique, qui, dans la suite des temps, fut appelée du nom grec Bostra, lorsque cette ville, sous Alexandre Sévère, porta la dénomination d'*Alexandrienne*, en l'honneur du nom de son bienfaiteur.

Parmi les autres villes de cette tribu, nous citerons encore Havoth-Jaïr, c'est-à-dire les *bourgs de Jaïr*; puis Nobé ou Canath, aujourd'hui *Kanneytra*, aux environs de laquelle Gédéon défit Zebée et Salmana, rois des Moabites; et enfin Jabès-Galaad, que les tribus coalisées ruinèrent dans la guerre qu'elles firent aux Benjamites. On prit dans cette ville quatre cents jeunes filles, qu'on donna en mariage aux hommes de la tribu de

Benjamin, les enfants d'Israël ayant fait serment à Maspha que nul d'entre eux ne donnerait sa fille pour épouse aux Benjamites. Jabès s'était rétablie au commencement du règne de Saül; ses habitants, que Naas, roi des Ammonites, assiégeait, furent délivrés par ce prince. Après la mort de Saül, les Philistins pendirent son corps et ceux de ses enfants sur la muraille de Bethsan; les plus vaillants d'entre les habitants de Jabès-Galaad allèrent pendant la nuit enlever ces corps, et les ensevelirent dans le bois de Jabès. David, apprenant cette bonne action, leur fit dire : « Bénis soyez-vous du Seigneur, de ce que « vous avez usé de cette humanité envers Saül, votre seigneur, « et que vous l'avez enseveli. »

Entre le nord et l'orient de cette tribu se trouvaient deux pays célèbres dans l'Écriture : le premier était la terre de Hus, où vivait Job; l'autre, celui de Soba, dont Saül défit le roi, qui s'était allié avec les Moabites, les Ammonites, les Edomites et les Philistins. David vainquit également un roi de Soba qui était soutenu par les Ammonites.

DE LA TRIBU DE JUDA.

Juda, qui signifie *louange*, était le quatrième fils de Jacob. La tribu qui porta ce nom s'établit à l'occident de la mer Morte, au nord des monts Séïr. Hébron en était la capitale.

Cette ville, nommée sous les premiers patriarches Cariath-Arbé, est une des plus anciennes de la Palestine, et même du monde, puisqu'elle fut bâtie sept ans avant Tanis, capitale de la Basse-Egypte. Abraham, s'étant séparé de Lot, en fit son séjour ordinaire; l'Écriture dit qu'il vint demeurer près de la vallée de Mambré, qui est vers Hébron. Sara y mourut. Jacob, en revenant de la Mésopotamie, vint y trouver son père Isaac. Quand Josué fit la conquête de la terre de Chanaan, le territoire de cette ville fut cédé à Caleb, qui s'en était emparé et y avait exterminé les géants, enfants d'Énac. Ce fut aussi dans Hébron que les Hébreux de la tribu de Juda sacrèrent David. Il y régna sept ans et demi, pendant que Isboseth, fils de Saül, gouvernait les autres tribus d'Israël. Ce fut encore dans cette ville que plus tard, Absalon, fils de David, monta sur le trône, après sa révolte contre son père.

Hébron était une ville royale et de refuge; elle se nomme aujourd'hui *Gebel-Khalyl*, et est éloignée de 39 kil. 996^{m} au sud de Jérusalem.

Les autres principales villes de la tribu de Juda, dont il est fait mention dans l'Écriture, étaient :

Dabir ou Cariath-Sepher, c'est-à-dire *la ville des lettres*, ville royale située à l'ouest d'Hébron. Caleb, dans le partage duquel elle était échue, sentant la difficulté de s'en emparer, promit sa fille Axa en mariage à quiconque prendrait cette ville. Othoniel, son neveu, fut celui qui s'en empara. Il la reçut pour la dot de sa cousine, qui devint son épouse.

Labana ou Lebna, ville royale, située à l'ouest de la mer Morte, était au nombre des villes lévitiques; elle est connue par le siége qu'en fit Sennacherib, après avoir levé celui de Lachis. Ce fut dans cette dernière ville qu'Amasias, fils de Joas, roi de Juda, s'enfuit après la conjuration que l'on trama contre lui à Jérusalem; mais les conjurés envoyèrent après lui, et le tuèrent en ce même lieu.

Adullam ou Odollam, ville royale, était située au sud-ouest de Jérusalem; elle existait encore quand les Juifs revinrent de la captivité. Judas Machabée et son armée, au retour du siége de Jamnia, s'arrêtèrent dans cette ville, et, s'y trouvant le septième jour, se purifièrent et célébrèrent le Sabbat. La ville de Gerara est célèbre par les voyages qu'y firent Abraham et Isaac. Taphua est mentionnée parmi les villes royales.

C'est entre les deux villes Socho et Azeca que les Philistins étaient campés lorsqu'ils envoyèrent Goliath dans la vallée de Térébinthe, afin qu'il provoquât au combat les Israélites. David, fils d'Isaï, le tua avec sa fronde et lui coupa la tête. Beth-léem, nommée plus anciennement Ephrata, fut la patrie de David. C'est dans cette ville que naquit Abesan, juge d'Israël. Booz, mari de Ruth, en était aussi, ainsi que la femme de ce lévite, qui, ayant été outragée à Gabaa, occasionna cette terrible guerre entre les tribus et celle de Benjamin. Beth-léem est à 8 kil. 888^{m} au sud de Jérusalem.

La ville de Ceïla, au nord-ouest d'Hébron, étant assiégée par les Philistins sous le règne de Saül, fut délivrée par David, qui dans cette occasion fit un grand carnage des ennemis d'Israël. Après cette victoire, David, étant averti que Saül se préparait secrètement à le perdre, se retira sur la montagne du désert de Ziph; mais, trahi de nouveau par les Ziphéens, il alla se cacher dans le désert de Maon, à la droite de Jésimon. Engaddi, appelé par Ptolémée Engadda, et le Carmel méridional, servirent aussi de retraite à ce prince fugitif. Il est encore fait mention dans l'histoire de David, de la ville de Thécua. La femme que Joab introduisit auprès de ce roi, pour obtenir le pardon d'Absalon, y était née.

Maresa fut bâtie par Roboam, fils de Salomon, roi de Juda. Asa, petit-fils de Roboam, défit Zara, roi d'Éthiopie, dans la vallée de Sephata, près de Maresa. Maresa existait encore du temps de Judas Machabée; elle servit de retraite à Gorgias, gouverneur de l'Idumée, que les Juifs avaient vaincu. Masphath n'est pas moins fameuse : ce fut dans cette ville, et sous le gouvernement de Samuel, que les enfants d'Israël s'assemblèrent après le retour de l'arche d'alliance, et ils en partirent pour mettre en déroute les Philistins, qu'ils poursuivirent jusqu'au lieu qui est au-dessous de Bethchar. Cariath-iarim, c'est-à-dire *la ville des forêts*, est la patrie d'Urie, fils de Seméi, qui prophétisa au nom du Seigneur. Ce furent aussi les habitants de cette ville qui transportèrent l'arche dans la maison d'Abinadad, à Gabaa, et consacrèrent son fils Eléazar, afin qu'il gardât ce précieux dépôt.

Ber-sabée, ville méridionale de la tribu de Juda, n'était

qu'un désert, lorsque Agar et son fils Ismaël furent chassés de la maison d'Abraham. Un ange les secourut dans cette solitude. Ce fut aussi dans ce même lieu que le saint patriarche contracta une alliance avec Abimélech. C'est pourquoi cet endroit fut appelé Ber-sabée, c'est-à-dire *puits du jurement*, parce qu'ils avaient juré là tous deux. C'est dans la ville de Bezec, située au sud de Beth-léem, que les Israélites de la tribu de Juda défirent dix mille Chananéens et Phérézéens. Là ils trouvèrent le roi Adonibezec, qui avait fait couper l'extrémité des mains et des pieds à soixante et dix rois : ce monstre subit le même châtiment. Ce fut aussi dans cette ville que Saül passa la revue de son armée pour aller combattre Naas, roi des Ammonites, qui assiégeait Jabès en Galaad.

Josué, dans le partage de la tribu de Juda, et le dénombrement de ses villes, mentionne celles qui appartenaient aux Philistins. Mais les péchés des Israélites furent cause que ces peuples furent soustraits à leur obéissance, et les inquiétèrent beaucoup par les guerres continuelles qu'ils leur firent. Cependant, après avoir été successivement vaincus par Samson, Samuel et Saül, ils furent enfin assujettis par David. Ils avaient cinq villes principales formant autant de satrapies ou gouvernements, savoir : Gaza, Geth, Ascalon, Azot et Accaron.

Gaza, aujourd'hui *Ghazzah*, était, suivant l'itinéraire d'Antonin, à 16 milles au sud d'Ascalon. D'après Strabon, la ville était éloignée d'environ 7 stades du port, et selon Arrien, de 20. Pomponius Mela nous la représente comme une ville grande et très-fortifiée, et ainsi appelée d'un mot qui, dans la langue des Perses, signifie *trésor*, parce que Cambyse, allant faire la guerre à l'Égypte, y déposa sa caisse militaire et toutes les choses dont il pouvait avoir besoin pour son expédition. Étienne de Byzance l'appelle aussi *Ione*, et dit qu'elle était nommée *Aza* par les Syriens, et qu'elle avait reçu ce nom d'Azon, son fondateur, fils d'Hercule. On sent le cas qu'il convient de faire de semblables étymologies. *Azah*, en phénicien, signifie un lieu fortifié, et Azot une ville forte.

C'est à Gaza que Samson donna des preuves de sa force prodigieuse. Sous Salomon, cette ville se trouvait comprise dans l'étendue de ses états, puisqu'il est dit dans le 24e verset du chapitre 4e du 3e livre des *Rois*, que ce prince dominait sur tous les pays qui étaient en deçà du fleuve d'Euphrate, depuis Thaphsaque jusqu'à Gaza.

Cette antique cité a soutenu plusieurs siéges mémorables. Quinte-Curce nous apprend qu'Alexandre, auquel elle avait refusé le passage, resta deux mois devant ses murs, qu'il y fut blessé deux fois, et qu'étant enfin parvenu à s'en rendre maître, il fit tuer un grand nombre d'habitants, et vendit le reste.

Après la mort d'Alexandre, Gaza demeura au pouvoir des rois d'Égypte, puis des rois de Syrie, qui la prirent sous Antiochus le Grand, l'an 219 avant J.-C. Sous Simon Machabée, souverain pontife, grand chef et prince des Juifs, elle fut investie et prise. Ce prince n'en extermina point les habitants, il les chassa seulement hors de la ville, et il purifia les maisons où il y avait eu des idoles.

Gaza fut une des villes qu'Auguste, l'an 30 avant J.-C., donna à Hérode, roi des Juifs. Mais après la mort de ce prince, il l'ôta à la Judée pour la rendre à la Syrie.

A 6 kil. au nord-ouest de Gaza, était située la ville de Geth, nommée longtemps après *Iotapata*. Elle est célèbre par la retraite qu'Achis, son roi, accorda à David, qui fuyait les persécutions de Saül. Ce fut aussi dans cette ville que naquit le géant Goliath.

La ville d'Ascalon, nommée par les Grecs *Ascalonia cœpe*, que Pomponius Mela nous représente comme non moins importante que Gaza, et dont le territoire, suivant Strabon, était très-fertile en oignons, se trouvait, selon l'itinéraire d'Antonin, à 20 milles de Jamnia ou Jabné. Ascalon, située entre Gaza et Azot, sur le bord de la mer, fut l'endroit où Samson tua trente Philistins. Sous les Machabées, elle se rendit à Jonathas, lorsqu'il se disposait à en faire le siége.

C'est en cette ville que naquit Hérode, qu'on appela l'*Ascalonite* ou *le Grand*, pour le distinguer de ses successeurs, qui ont porté le même nom. Ce prince la décora d'un palais; il fit aussi creuser des canaux et construire des bains. A quelque distance de la ville était son port, nommé en syrien *Maïumna Ascalonis*, ou amas d'eau d'Ascalon.

Aboul-Féda dit que de son temps cette ville était entièrement ensevelie sous des ruines, qui présentaient encore de beaux vestiges de la haute antiquité.

Ce fut dans la ville d'Azot, *Azotus vel Asdod*, que les Philistins, ces redoutables ennemis du peuple de Dieu, allèrent déposer l'arche d'alliance qu'ils avaient prise dans le temple de Dagon. Plus tard, Ozias, roi de Juda, dans la guerre qu'il fit aux Philistins, ruina les murs de cette ville.

Azot, l'une des places les plus importantes des Philistins, à quelque distance de la mer, sur le bord de laquelle était un Azot *paralios* ou maritime, fut, environ cent soixante-dix ans avant J.-C., assiégée par le roi d'Égypte Psammétique. Ce siége, qui dura vingt-neuf ans, est le plus long dont il soit parlé dans l'histoire ancienne. Cette ville fut alors réduite dans l'état le plus déplorable. Elle fut rétablie; mais quelque temps après, Jonathas, prince des juifs, poursuivant les troupes de Démétrius Nicator dans Azot, brûla la ville, en emporta les dépouilles, et brûla aussi le temple de Dagon, avec tous ceux qui s'y étaient réfugiés. Les juifs cependant la réparèrent, et la gardèrent jusqu'à l'an 63 avant J.-C., époque où Pompée les obligea de l'abandonner.

Ekron ou Accaron était la plus septentrionale des satrapies des Philistins. Elle était située près des bords de la mer, dans la contrée nommée *Sephela*, au nord-est d'Azot. Après avoir été l'une des conquêtes de la tribu de Juda, elle retomba au pouvoir des Philistins.

Alexandre, roi de Syrie, fils d'Antiochus l'Illustre, ayant fait alliance avec Jonathas Machabée, lui donna cette ville avec tout son territoire. Au temps de saint Jérôme, elle n'était plus qu'une bourgade qui conservait encore son ancien nom.

DE LA TRIBU DE SIMÉON.

Siméon (ce nom signifie *écouter*) était le second fils de Jacob et de Lia. La tribu qui portait son nom était placée dans le territoire possédé par les enfants de Juda, vers le pays que conservèrent les Philistins sur les confins de l'Idumée.

Cette tribu n'avait que deux villes lévitiques, Aïn ou Aen et Bethsamès. Ce furent les habitants de cette dernière ville qui rencontrèrent les premiers l'arche d'alliance quand elle fut renvoyée par les Philistins. Elle était située au sud-est d'Accaron.

L'une des villes les plus importantes de la tribu de Siméon, après Bersa-bée ou Sabée, qui en était la capitale, est celle de *Siceleg*. Cette ville, qu'Eusèbe place dans la partie méridionale du pays de Chanaan, était, après les conquêtes des Philistins, restée au roi de Geth, qui la céda à David en toute propriété. Les Amalécites, profitant de son absence, la pillèrent et la brûlèrent; mais comme ils s'enfuyaient chargés de butin, David les atteignit avec ses soldats, et en fit un horrible carnage. Ce fut à Siceleg que David, qui venait de défaire les Amalécites, apprit la mort de Saül, et fut proclamé son successeur.

Outre les villes que nous avons nommées, Josué cite encore, dans le partage échu aux enfants de Siméon, celles de Molada, Haser-Sual, Bala ou Baala, Asem ou Esem, Eltholad, Bethul ou Cesil, Harma, Beth-Marchaboth, Hasersusa, Beth-Lebaoth, Sarohen, Remmon, Athar et Asan.

DE LA TRIBU DE DAN.

Dan (qui signifie *jugement*) était le cinquième fils de Jacob.

Cette tribu fut placée dans la Terre de promission, au nord de celle de Siméon.

La tribu de Dan possédait quatre villes lévitiques, savoir: Eltheco, Gabathon, Aïalon et Geth-Remmon, ainsi que dix-sept autres villes, dont les plus importantes étaient: Saraa, Esthaol, Hirsemès, c'est-à-dire la ville du Soleil, Themna, Aphec et Joppé.

La ville de Joppé ou Iapho, aujourd'hui *Jaffa* ou *Yâfah*, dans la plaine de Saron, est située sur le bord de la mer et sur le penchant d'une colline. Elle est, d'après nos tables astronomiques, vers le 32ᵉ degré 3 minutes 23 secondes de latitude, et vers le 32ᵉ degré 25 minutes 55 secondes de longitude orientale, comptée du méridien de Paris. Ptolémée la plaçait au 65ᵉ degré 40 minutes de longitude, et au 32ᵉ degré 6 minutes de latitude.

Joppé avait un bon port. C'est dans cette ville qu'Hiram, roi de Tyr, envoya à Salomon les bois de construction pour le temple de Jérusalem. Jonas, auquel Dieu avait donné l'ordre d'aller prêcher dans la grande ville de Ninive, ne voulant point y obtempérer, s'embarqua à Joppé pour se rendre à Tharsis, et ce fut non loin de là qu'une tempête s'étant élevée, les mariniers le jetèrent dans la mer.

Cette ville passa successivement aux Chaldéens, aux Perses, aux Lagides d'Égypte et aux Séleucides de Syrie. Apollonius, gouverneur de la Cœle-Syrie pour Démétrius Nicator, n'ayant pu réussir à détacher Jonathas Machabée des intérêts d'Alexandre Bala, se rendit, à la tête d'une grande armée, à Jamnia, d'où il lui envoya des ambassadeurs pour le défier à une bataille: le défi fut accepté. Jonathas partit de Jérusalem avec dix mille hommes, vint prendre Joppé à sa vue, lui livra bataille, et ayant rompu son armée, elle prit la fuite. Ce fut dans cette ville que plus tard Jonathas vint trouver avec beaucoup de magnificence Ptolémée Philométor, roi d'Égypte, qu'il accompagna par honneur jusqu'au fleuve Éleuthère.

Joppé rentra sous la domination des rois de Syrie jusqu'à l'an 150 avant J.-C., que le sénat romain la fit rendre aux Juifs. En 64, Pompée, renfermant la Judée dans ses anciennes limites, obligea Hircan d'évacuer cette place. Auguste, devenu maître de l'empire, la donna à Hérode.

Themna ou Thamnatha est la même que Thamna que Ptolémée place au 66ᵉ degré 15 minutes de longitude et au 31ᵉ degré 30 minutes de latitude. Dans la guerre de Démétrius contre Jonathas Machabée, Bacchide, général des troupes syriennes, rebâtit et fortifia Thamnata.

En avançant un peu dans les terres, au nord-est de Thamnata, nous trouvons Aphec, où, sous le pontificat d'Héli, les Philistins s'assemblèrent pour faire la guerre aux Israélites, et les battirent auprès de la Pierre du Secours.

Saraa, située dans la partie méridionale de la tribu de Dan, est célèbre pour avoir donné naissance à Samson, fils de Manué.

DE LA TRIBU DE BENJAMIN.

Benjamin, c'est-à-dire *le fils de la droite* ou *le fils de la vieillesse*, était le douzième fils de Jacob. Lors de l'entrée dans la Terre promise, cette tribu eut en partage le territoire compris entre Juda au sud et Éphraïm au nord. Ses limites embrassaient Jéricho, Luza, appelée encore Bethel, et Beth-Horon la Basse, qui rabattait au midi vers Cariath-Iarim; elles comprenaient aussi Jebus, qui est la même que Jérusalem, en passant par la vallée Ge-ben-Ennom, qui borne Sion vers le sud.

La tribu de Benjamin avait pour capitale Jérusalem, qui devint par la suite celle de toute la Palestine. Ses autres villes étaient au nombre de vingt-sept, parmi lesquelles il faut compter quatre villes lévitiques, savoir: Gabaon, Gabaé ou Gabée, Anathoth et Aimon.

En partant de Jérusalem, que nous décrirons dans un chapitre à part, la première ville qui se présente parmi celles mentionnées dans Josué, est Rama, située au nord-ouest de Jérusalem. On a souvent confondu cet endroit avec Arimathia, qui est auprès de Lydda. Isaïe, dans sa prédiction de la marche de Sennacherib, dit: « Rama sera dans l'épouvante. » Ce fut dans cette ville que Nabuzardan, général de l'armée des Babyloniens, mit en liberté le prophète Jérémie, en lui faisant ôter les chaînes dont on l'avait chargé, comme ceux qu'on faisait sortir de Jérusalem et de Juda pour les mener à Babylone. Le prophète Osée, dans ses menaces contre Israël et contre Juda, s'écrie : « Sonnez du cor à Gabaa; faites « retentir la trompette à *Rama*; poussez des cris et des hur-« lements à Bethaven; et vous, Benjamin, sachez que l'en-« nemi est derrière vous. »

Rama étant tombée au pouvoir des rois d'Israël, Baasa la fortifia pour resserrer Asa, roi de Juda.

Au nord de Rama est la belle vallée d'Ajalon. Au milieu de cette plaine, il y a deux montagnes extrêmement fertiles, dont celle qui est au couchant a deux sommets. Sur le sommet au nord se trouve un village appelé *Geb*, probablement le même que l'ancien Gabaon. *Birnabilliah*, situé sur la montagne qui est à l'orient, est peut-être *Beroth*, cité par Josué dans la nomenclature des villes de la tribu de Benjamin.

C'est dans les plaines de Gabaon que Joab, à la tête des troupes de David, remporta une grande victoire sur l'armée d'Isboseth, fils de Saül, commandée par Abner. Le roi Salomon se rendit à Gabaon pour y faire un sacrifice, parce que c'était là le plus considérable de tous les hauts lieux, et il offrit mille hosties en holocauste sur l'autel qui était en cette ville; ensuite de quoi il eut cette merveilleuse vision où Dieu lui accorda le don de la sagesse, et lui annonça de plus qu'il surpasserait en richesses et en gloire tous les rois ses prédécesseurs.

C'est dans la ville de Beroth que naquirent Baana et Rechab, fils de Remnon, tous deux chefs de voleurs, qui, après s'être attachés au service d'Isboseth, l'assassinèrent. Adarezer, roi de Soba, occupa cette ville. David la reprit, et en enleva une prodigieuse quantité d'airain, qu'il fit transporter à Jérusalem.

Il y avait encore au nord-est et au nord de Jérusalem quelques endroits remarquables, tels que Anathoth et Gabaé. La première de ces deux villes fut la patrie du prophète Jérémie, ainsi que celle d'Abiathar, que Salomon destitua de la souveraine sacrificature parce qu'il s'était déclaré en faveur d'Adonias. Gabaé ou Gabaa est célèbre par la retraite qu'elle donna à l'arche d'alliance. Les Israélites la déposèrent dans la maison d'Abinadad, et consacrèrent son fils Éléazar afin qu'il la gardât. L'arche du Seigneur resta dans cette ville jusques au temps où David la fit transporter à Jérusalem. Saül, après avoir été oint par Samuel et élu roi, s'en retourna à Gabaa, sa patrie, où il séjourna presque tout le temps de son règne. Asa, roi de Juda, fit rebâtir Gabaa, avec tous les matériaux que Baasa, roi d'Israël, avait envoyés à Rama. Le roi Josias, plein de zèle pour le vrai culte, fit renverser en cette ville les idoles qu'on y avait élevées aux fausses divinités de Baal et de Moloch.

Nobé est connu par le séjour des prêtres qui y avaient transporté le tabernacle, où il resta longtemps. Saül fit passer tous les habitants de cette ville au fil de l'épée, en vengeance des secours que le grand-prêtre Achimélech avait accordés à David pendant sa fuite. Saint Jérôme dit qu'elle était détruite de son temps, et qu'on en voyait les ruines auprès de Diospolis.

Bethel, qu'il ne faut pas confondre avec Bethaven, était à droite sur le chemin qui conduit de Jérusalem à Sichem. Cet endroit devint fameux par le séjour du patriarche Abraham, et par la vision qu'y eut Jacob. Josué s'en empara après en avoir tué le roi. Samuel la choisit dans la suite pour y rendre la justice. Selon le troisième livre des *Rois*, Jéroboam y fit élever un veau d'or pour que ses sujets l'adorassent, afin de les détourner d'aller sacrifier à Jérusalem. Il ordonna en outre qu'on célébrerait un jour solennel, le quinze du huitième mois, pour répondre à celui qui se célébrait en Juda. Cette ville était encore plongée dans l'idolâtrie au temps d'Élisée; comme ce prophète se rendait à Bethel, il y fut insulté par des enfants : les ayant maudits au nom du Seigneur, il fut vengé par deux ours qui sortirent d'un bois voisin, et qui les déchirèrent.

Bethaven, située au sud-est de Bethel et au sud de Haï, est connue par la victoire que Saül, assisté de Jonathas, remporta sur les Philistins. Haï ou Gaï existait dès le temps d'Abraham, qui, dans son voyage au travers de la terre de Chanaan, campa entre Bethel et Haï. Cette ville suivit le sort de Jéricho : Josué, après s'en être emparé, en fit périr tous les habitants.

A 28 kil. au nord-est de Jérusalem, dans la grande plaine de *El-Ghor*, s'élevait l'ancienne Jéricho, appelée aussi *la ville des Palmiers*, à cause de la grande quantité qu'on en cultivait dans les environs. Cette ville fut la première dont les Hébreux s'emparèrent après avoir passé le Jourdain.

On voit, au troisième livre des *Rois*, que Jéricho fut rebâtie par Hiel, habitant de Béthel, pendant le règne d'Achab, roi d'Israël. Les enfants des prophètes demeuraient en cette ville quand Élie, accompagné d'Élisée, y passa le jour où il devait être enlevé au ciel sur un char de feu.

Pendant le siége de Jérusalem par Nabuchodonosor, Sédécias, roi de Juda, s'étant enfui à Jéricho, les Chaldéens le poursuivirent, et, s'en étant emparés, ils l'amenèrent à Reblatha, devant le roi de Babylone, qui lui fit crever les yeux après avoir fait mourir ses fils.

Il y avait encore deux villes remarquables dans la tribu de Benjamin, savoir : Galgala et Bahurim.

Suivant le livre de Josué, ce fut à Galgala, Galgal ou Gilgal, ville située vis-à-vis les plaines de Jéricho, que les Israélites demeurèrent après qu'ils eurent passé le Jourdain. Une partie du peuple d'Israël et le tabernacle y restèrent pendant les six ans que Josué employa à prendre possession du pays de Chanaan. C'est dans cette ville que Samuel assembla le peuple qui demandait un roi, et que Saül fut confirmé dans cette dignité.

Séméï, de la maison de Saül, qui prononça des malédictions contre David lorsqu'il fuyait Absalom, était de Bahurim. Ce fut aussi jusque dans cette ville que Phaltiel accompagna Michol, fille de Saül, quand Abner, par ordre de David, fut chargé de la lui ramener, ce monarque l'ayant revendiquée après la mort de son prédécesseur.

DE LA TRIBU D'ÉPHRAÏM.

Éphraïm (qui signifie *fructification* ou *accroissement*) était le second fils de Joseph et frère de Manassé, aussi adopté par le patriarche Jacob. Josué, qui était de cette tribu, lui donna en partage le territoire compris entre la mer Méditerranée, au couchant, et le Jourdain, à l'orient; la demi-tribu de Manassé, au nord; et celle de Dan et de Benjamin, au midi.

Cette tribu avait pour capitale la ville de Sichem, qui portait aussi le titre de ville de *refuge* : elle possédait, en outre, trois villes lévitiques, savoir : Gazer, Cibsaïm et Beth-Horon la Haute.

Sichem, aujourd'hui *Nâplous*, est située à 56 kil. au nord de Jérusalem, dans une vallée que resserrent les deux montagnes de Garizim et d'Ébal. C'est auprès de cette ville que vint demeurer Abraham quand il entra dans la terre de Chanaan. Elle fut ensuite la demeure de Jacob, lorsque ce patriarche revint de la Mésopotamie.

Josué assembla toutes les tribus d'Israël à Sichem, et ayant fait venir devant lui les anciens, les princes, les juges et les magistrats, il leur donna ses derniers avis avant de mourir, et leur fit renouveler la promesse d'être fidèles à Dieu. Abimélech, fils de Gédéon, après avoir fait égorger à Éphra ses soixante-dix frères, se fit proclamer roi à Sichem : les habitants l'installèrent dans cette dignité sous un chêne qui était dans cette ville. Joatham, ayant appris la nouvelle de cet événement, s'en alla au haut de la montagne de Garizim, et là, en présence de tous les Sichemites assemblés, il leur proposa la parabole du *buisson épineux*, qui dévore les cèdres du Liban. Ce prince farouche ne laissa pas de régner pendant trois ans. Ses sujets, sous la conduite de Gaal, s'étant révoltés, il prit la ville d'assaut, en massacra tous les habitants, et la réduisit en cendres. Sichem fut rétablie dans la suite, parce qu'il est dit, au troisième livre des *Rois*, que Roboam y vint après la mort de Salomon son père. Les dix tribus assemblées lui ayant demandé une diminution dans les impôts, et celui-ci, par l'avis des jeunes conseillers, n'ayant point voulu y souscrire, il fut déchu de la souveraineté sur Israël, et Jéroboam fut proclamé roi. Sichem était la capitale du royaume d'Israël avant la fondation de Samarie.

Au nord-est de Sichem était la petite ville de Thèbes, connue par le siége qu'Abimélech mit devant cette place, et où il perdit la vie.

Si nous avançons dans la partie méridionale de la tribu d'Éphraïm, nous trouverons les villes de Beth-Horon, la Haute et la Basse, toutes deux enclavées dans la même tribu. C'est près de la première que Josué défit les cinq rois amorrhéens qui étaient venus fondre sur les Gabaonites, parce qu'ils avaient fait alliance avec les Israélites. La seconde est célèbre dans l'histoire des Machabées. Judas, dont l'Écriture dit : Qu'il devenoit semblable à un lion dans les grandes actions, et à un lionceau qui rugit quand il voyait sa proie, remporta trois victoires complètes auprès de cette ville : la première, contre Seron, général de l'armée de Syrie; la seconde, contre Lysias, et la troisième, contre Nicanor.

Gazer, Gazera ou Gazara, aujourd'hui *Iazur*, était située près du torrent de Gaas, à l'ouest de Béthel. Elle est célèbre par la victoire que remporta Josué sur le roi de Gazer et tout son peuple.

Au temps de Salomon, le roi d'Égypte la prit, la brûla et défit les Chananéens qui y étaient demeurés après que Josué en eut fait la conquête. Elle fut rebâtie par Salomon, à qui Pharaon la céda pour la dot de sa fille. Ce fut dans le même temps que ce prince fit bâtir la ville de Palmyre dans le désert. Longtemps après, Gazer fut prise sur les Syriens par Judas Machabée, et fortifiée par son frère Jonathas.

L'Écriture place encore dans le territoire d'Éphraïm, Silo, Mello, Machmas, Ramatha et Pharathon.

La ville de Silo, où l'on plaça l'arche jusqu'au temps où les Philistins la prirent, était située dans l'Acrabatane, sur une montagne, au septentrion de Béthel, et à l'orient du chemin qui allait de cette dernière ville à Sichem. Elle était à douze milles de Sichem, selon Eusèbe, et à dix milles, selon saint Jérôme. C'est dans cette ville que Josué partagea la terre de Chanaan aux sept tribus qui avaient passé le Jourdain.

Mello n'est connue que par l'alliance que contractèrent ses habitants avec les Sichemites en faveur d'Abimélech.

A neuf milles de Jérusalem, suivant Eusèbe, était la ville de Machmas, qui vit sous ses murs le camp des Philistins, marchant contre Saül : ils furent défaits par ce prince et par Jonathas, son fils.

Ramatha, la patrie de Samuel et le lieu de sa sépulture, doit se confondre avec la ville d'Arimathia : elle était, selon saint Jérôme, au couchant de Jérusalem, entre Lydda et Joppé. David, fuyant la persécution de Saül, se retira auprès de Samuel, à Ramatha. Ils se rendirent ensemble à Naïoth, où ils demeurèrent quelque temps. Saül les y poursuivit, et comme il voulait surprendre le prince fugitif, il fut saisi d'un transport prophétique, qui l'empêcha d'exécuter son mauvais dessein.

Pharathon, petite ville située sur la montagne d'Amalec, où fut enseveli Abdon, juge d'Israël.

DE LA DEMI-TRIBU DE MANASSÉ,

EN DEÇA DU JOURDAIN.

La demi-tribu de Manassé, en deçà du Jourdain, s'étendait depuis le fleuve jusqu'à la grande mer, c'est-à-dire d'orient en occident. Elle était bornée au nord par les tribus d'Issachar et d'Azer, et au midi, par celle d'Éphraïm.

Cette demi-tribu possédait deux villes lévitiques : Geth-Remmon ou Jeblaam, et Thanach ou Thenac. Cette dernière était, selon Eusèbe, à dix milles de Sichem, du côté du Jourdain. Sisara, général des armées de Jabin, roi des Chananéens, fut défait par Barac, juge d'Israël, auprès de Thanach.

Au milieu de la vallée de Jezraël, à quatre milles et au midi du mont Tabor, s'élevait la ville d'Endor, où demeurait la pythonisse que Saül alla consulter la veille de la bataille où il perdit la vie.

Si nous nous transportons dans la partie maritime de cette demi-tribu, nous trouverons Dor ou Dora, dont le nom actuel est *Tantourah*. Cette ville, située dans une espèce de péninsule, à l'endroit où commence le mont Carmel, était, selon Artémidore (cité par Étienne de Byzance), habitée par des Phéniciens, qui vinrent s'y établir à cause du poisson servant à la teinture en pourpre. Suivant le texte sacré, Dor existait avant que les Israélites entrassent dans le pays de Chanaan. Dora fut soumise aux rois d'Égypte, successeurs d'Alexandre, après avoir été sous la domination des Perses. Antiochus le Grand ne put la prendre faute de vaisseaux; mais Antiochus-Épiphanes en fit la conquête après avoir remporté une victoire sur les troupes de Ptolémée-Philométor, roi d'Égypte.

La demi-tribu de Manassé, dont Moïse a dit que la terre serait remplie des bénédictions du Seigneur, des fruits du ciel, de la rosée et des sources d'eaux cachées sous la terre, possédait Mageddo, Samarie et Thersa.

Mageddo, ville royale de la Judée, était située au sud-est de Dora, sur la rive septentrionale du torrent de Mageddo. C'est auprès de cette ville que les Chananéens se battirent contre les Israélites. Ochozias, roi de Juda, après avoir été percé d'une flèche par les gens de Jéhu, se fit transporter à Mageddo, où il mourut. Cette ville se trouvait sur la route que devait prendre Pharaon Nechao, roi d'Égypte, pour entrer en Assyrie. Josias, roi de Juda, ayant voulu s'opposer à son passage, lui livra aux environs de Mageddo un grand combat, et il y perdit la vie.

Samarie, *Samaria*, qui dut sa fondation à Amri, roi d'Israël, était située sur le mont Séméron. Cette ville a soutenu plusieurs siéges contre Benadad, roi de Syrie; mais le plus célèbre est celui qu'elle soutint contre Salmanazar, roi des Assyriens : il dura trois ans, après lequel temps il la prit, emmena captif le roi Osée et tout son peuple. Ce triomphe mit fin au royaume d'Israël.

A l'époque de la destruction de cette ville par Salmanazar, les habitants emportèrent avec eux les cinq livres de Moïse, écrits en anciens caractères hébreux : c'est le texte appelé *samaritain*.

En avançant vers le Jourdain et à l'orient de Samarie, l'on distinguait la ville royale de Thersa ou Thapsa, dont les Hébreux, sous la conduite de Josué, s'emparèrent. Elle fut la première résidence des rois d'Israël. Zambri y étant assiégé par Amri, dans son palais, s'y brûla avec toute sa famille.

On comptait encore parmi les villes de la demi-tribu de Manassé, Bethsan, Abelméhula, Éphra et Galgal. Suivant Josèphe, Bethsan était près du Jourdain, et à cent vingt stades de Tibérias.

Sous le règne de Salomon, Bana était gouverneur de tout le pays de Bethsan, jusqu'à Abelméhula. Cette dernière ville, nommée par Eusèbe *Meula*, était située au sud de Bethsan. Elle fut la patrie du prophète Élisée. — Gédéon poursuivit les Madianites jusques à cette ville.

Éphra, située sur la frontière de la tribu d'Éphraïm, était a patrie de Gédéon. C'est à Éphra qu'un ange vint l'avertir qu'il devait délivrer Israël de l'oppression des Madianites. Abimélech y égorgea ses soixante et dix frères, pour ne point avoir de concurrent à la royauté que lui accordaient les Sichemites. Suivant le livre de Josué, Galgal fut le siége d'un roi que les Israélites vainquirent.

DE LA TRIBU D'ISSACHAR.

Issachar (c'est-à-dire *récompense*, à cause des mandragores que Lia donna à Rachel) était le neuvième fils de Jacob. La tribu de ce nom eut en partage l'une des meilleures contrées de la terre de Chanaan, le long de la vallée de Jezraël, ayant la demi-tribu de Manassé au midi et celle de Zabulon au nord.

Cette tribu (à laquelle Moïse a dit : Réjouissez-vous, vos enfants suceront comme le lait les richesses de la mer et les trésors cachés dans le sable) comprenait dans tout son territoire seize villes, à la tête desquelles nous devons mettre Césion, Dabéreth, Jaramoth, En-Gannim, qui étaient lévitiques. Parmi les autres villes citées par Josué, deux seulement sont célèbres : Jezraël et Sunem.

La ville de Jezraël, que Josèphe appelle *Azare* ou *Azarès*, et qui, du temps de Guillaume de Tyr, était appelée le petit *Gerin*, était située dans le grand champ entre Legio, au couchant, et Scythopolis ou Bethsan, à l'orient. Achab, roi d'Israël, y avait un palais, qu'il voulut agrandir en prenant la vigne de Naboth. Comme cet homme juste refusa de lui céder l'héritage de ses pères, Achab le fit mourir, et confisqua sa terre. La reine Jézabel, qui lui avait donné ce mauvais conseil, fut, plus tard, par l'ordre de Jéhu, précipitée de sa fenêtre et dévorée par des chiens, dans le même champ qui avait appartenu à Naboth.

Sunem ou Sunam est connue par un double miracle du prophète Élisée. Il passait de temps en temps dans cette ville, et, apprenant que la femme chez laquelle il logeait était stérile, il lui annonça que dans un an elle aurait un fils. L'enfant miraculeux mourut quelques années après; la mère désolée alla trouver Élisée sur la montagne du Carmel : celui-ci revint avec elle à Sunam, et rendit la vie à son fils.

DE LA TRIBU DE ZABULON.

Zabulon (qui signifie *demeure*) était le dixième fils de Jacob. Quand cette tribu entra dans la Terre de Promission, elle eut pour sa portion le territoire compris entre la tribu d'Issachar au midi, la tribu de Nephtali à l'orient, et celle d'Aser au couchant.

La tribu de Zabulon avait quatre villes lévitiques, savoir : Jéconam, Cartha, Damna et Naalol. Outre ces places, elle possédait huit villes. Celle de Cétron était restée au pouvoir des Chananéens, sous la condition qu'elle paierait un tribut. Séméron avait eu un roi qui avait été vaincu par les Israélites. Jéconam était assise sur les bords d'un torrent qui séparait la tribu de Zabulon de celle d'Aser. Japhié était plus orientale.

La montagne du Tabor, à laquelle les prophètes font souvent allusion, appartenait aux enfants de Zabulon. Au sud-est de cette montagne s'élevait la ville de Dochaïm, dont il est parlé dans le livre de Judith. Élisée y avait établi sa retraite, quand il frappa d'aveuglement les Syriens qui venaient pour s'emparer de sa personne, et les conduisit dans Samarie. — C'est dans la plaine de Dothaïm que les fils de Jacob vendirent leur frère Joseph à des marchands ismaélites, après l'avoir retiré de la citerne où ils l'avaient jeté.

Une ville non moins célèbre que celle de Dothaïm dans le livre de Judith, est celle de Béthulie, située à l'ouest du lac de Tibérias, laquelle fut assiégée par Holoferne, général des armées de Nabuchodonosor, et délivrée par Judith. L'anniversaire de cette victoire fut mis par les Hébreux au rang des saints jours, et honoré comme un jour de fête parmi les Juifs.

DE LA TRIBU D'ASER.

Aser (qui veut dire *bonheur*) était le huitième fils de Jacob. Cette tribu occupait la partie nord-ouest de la Terre Promise. Elle était bornée au nord par le mont Liban, au sud par la vallée de Jephtaël, à l'est par les tribus de Zabulon et de Nephtali, et à l'ouest par la grande mer.

La tribu d'Aser était maritime, fertile en oliviers; elle avait des mines de fer et de cuivre. Moïse, dans sa prophétie sur Aser, s'exprime ainsi : « Qu'Aser soit béni entre tous les « enfants d'Israël; qu'il soit agréable à ses frères, et qu'il « trempe son pied dans l'huile. Sa chaussure sera de fer et « d'airain. Les jours de ta vieillesse, ô Aser! seront comme « ceux de ta jeunesse. »

La ville la plus septentrionale de cette tribu était Sarepta, située sur le bord de la mer, au sud de Sidon. Elle est célèbre par le séjour qu'y fit le prophète Élie, dans la maison de la veuve.

Beaucoup plus au sud-est, toujours sur le littoral de la mer, vers le 32ᵉ degré 54 minutes de latitude boréale, s'élevait Accho ou Aco, au nord-ouest d'un golfe, qui a le mont Carmel au sud-ouest. Lorsqu'après la mort d'Alexandre la Palestine fut passée au pouvoir de Ptolémée, ce prince imposa son nom à Accho, qui fut appelée *Ptolémaïde*.

Suivant Strabon, *Ptolémaïde*, ou Ptolémaïs, était une ville considérable, nommée auparavant *Acé*, et qui servait aux Perses de lieu d'embarcation pour se rendre en Égypte. Elle joua un grand rôle au temps des Machabées. Alexandre Bala, fils d'Antiochus, surnommé l'Illustre, s'y établit contre son concurrent Démétrius Soter. Ce dernier l'y vint attaquer, et fut défait. Alexandre épousa Cléopâtre, fille de Ptolémée Philométor, roi d'Égypte, à Ptolémaïde, où Jonathas Machabée vint les trouver, et leur fit des présents considérables. Alexandre l'éleva à de grands honneurs, le mit au nombre de ses principaux amis, et l'y établit après lui chef et prince de la Judée. Plus tard, il fut attiré et tué dans cette même ville par Tryphon.

L'Écriture donne vingt-deux villes à la tribu d'Aser. Elle ajoute que ses villes lévitiques étaient : Masal, Abdon, Helcath et Rohob. Suivant le livre des *Juges*, Aser n'extermina point les Chananéens qui occupaient Accho, Sidon, Ahalab, Achazib, aujourd'hui *Zib*, Helba, Aphec et Rohob.

Les douze hommes que Moïse envoya du désert de Pharan, pour reconnaître la terre de Chanaan, vinrent jusqu'à Rohob, située à l'entrée du passage d'Émath. Les deux villes Hosa et Hamon étaient situées du côté de la mer. Il y avait à l'orient une autre ville nommée *Beth-Dagon*. Aphec avait été une ville royale, de même qu'Achsaph, dont le roi fut vaincu par Josué auprès des eaux de Mérom.

DE LA TRIBU DE NEPHTALI.

Nephtali (qui signifie *mon combat*) était le sixième fils de Jacob. Lorsque cette tribu entra dans la Terre de Promission, elle eut en partage le pays compris entre les tribus d'Aser et de Zabulon, à l'ouest, et la demi-tribu de Manassé au delà du Jourdain, à l'est. Elle s'étendait du nord au sud, depuis le mont Liban jusqu'à la partie méridionale de la mer ou lac de Génésareth.

Cette tribu possédait trois villes lévitiques : Cédès en Galilée, Hammothdor et Carthan. Cédès, qui était aussi ville de refuge, était située sur un des versants du mont Liban, et subsiste encore dans le lieu nommé *Kadès*. Cette ancienne cité, qui plus tard fut nommée *Cydissus* par les Tyriens, était la patrie de Barac, fils d'Abnoëm. Ce juge d'Israël, de concert avec Débora, y rassembla dix mille combattants pris dans sa tribu et dans celle de Zabulon, pour aller combattre contre Sisara, général de l'armée de Jabin, roi de Chanaan.

Le Jourdain, depuis sa source jusqu'à son entrée dans le lac Samochonitis ou eaux de Merom, coule entre des platanes qui croissent de chaque côté, et qui donnent un ombrage charmant. A environ 6 kil. au nord, et à côté de la montagne qui est au couchant de ce beau paysage, l'on rencontre une quantité de ruines, les restes de l'antique Lecum, que Josué donne pour borne à la tribu de Nephtali.

Plus au midi, et à quelque distance du lac de Samochonitis, s'élevait la cité d'Asor, aujourd'hui *Azur*, dont Josué nous apprend que lorsqu'il entra dans la Palestine il n'y avait pas de roi plus puissant que celui de cette ville. Elle était la patrie de Sisara et la capitale des états du roi Jabin.

Les villes de cette tribu, nommées par Josué, étaient au nombre de dix-neuf. Outre celles dont nous venons de parler, nous citerons, Assedim, Ser, Reccath, Édéma, Arama, Jéron, Magdal-el, dont on ne connaît pas au juste la vraie situation : il n'en est pas de même de Cénéreth. Moïse, en parlant des limites de la Terre Promise, s'exprime ainsi : « Elles s'étendront le long de l'Orient jusqu'à la mer de Cé« néreth. » L'identité des noms entre la ville dont nous nous occupons et celui de la mer désignée par Moïse, fait que l'on ne peut placer Cénéreth ailleurs que sur le lac nommé aujourd'hui *Tabaryeh* ou de *Génézareth*.

La ville d'Émath, dont il est dit positivement, au quatrième livre des *Rois*, que Jéroboam la reconquit, ainsi que Damas, sur les Syriens, est la même que Josèphe, dans son livre des *Guerres*, nomme *Amath* ou *Amathonte*. Hérode le Grand bâtit, à l'orient d'Émath, un très-beau temple de marbre blanc en l'honneur d'Auguste, près du *Panium*. Le Panium était une caverne dans la Syrie, sous le mont Panius, près des sources du Jourdain.

Les villes nommées ailleurs dans l'Écriture, et qui étaient

du ressort de cette tribu, sont Laïs, qui fut détruite, puis rebâtie sous le nom de Dan. Elle était située au pied du mont Liban, sur le bord du Jourdain, à 6 kil. de Panéas. Nephtali, la patrie de Tobie, était située dans la Haute-Galilée, au-dessus de Naasson; elle avait à sa gauche la ville de Séphet. Sous le règne de Salomon, Achimaas, son gendre, était gouverneur de Nephtali.

Ce fut à Abéla-Beth-Maacha, ville située au sud-est de Dio-Cæsarea et à l'ouest du lac de Génésareth, que Joab poursuivit Séba, fils de Bochri, qui fut le chef d'une conspiration contre le roi David. Joab, ayant mis le siége devant cette place, ne se retira que lorsqu'on lui eut jeté de dessus les murailles la tête du rebelle.

Au midi de Réblatha ou Rébla était un bois qui renfermait la fontaine de Daphnis, et à l'orient de la fontaine, les eaux de Mérom. Il ne faut pas confondre cette ville avec celle de Rébla, située dans le pays d'Émath, sur l'Oronte, où Pharaon Néchao, roi d'Égypte, emmena prisonnier Joachaz, fils de Josias, roi de Juda.

DE LA TRIBU DE LÉVI.

Lévi (signifiant *Union*) était le troisième fils de Jacob et de Lia. Les enfants de cette tribu, dont Moïse a dit : « Ce sont « ceux-là, Seigneur, qui offriront de l'encens dans votre « temple, et qui mettront l'holocauste sur votre au- « tel, » étaient destinés aux offices divins et au ministère des sacrifices. Les Lévites étaient partagés en trois classes : les Caathites, les Gersonites et les Mérarites. Les Caathites eurent dix villes des tribus d'Éphraïm, de Dan et de la demi-tribu de Manassé. Les Gersonites eurent treize villes des tribus d'Issachar, d'Aser, de Nephtali et de la demi-tribu de Manassé en Basan. Les Mérarites prirent possession de douze villes dans les tribus de Ruben, de Gad et de Zabulon. Les prêtres choisis dans la famille de Caath, tous descendants du grand-prêtre Aaron, eurent treize villes des tribus de Juda, de Siméon et de Benjamin. Il y avait en tout quarante-huit villes lévitiques dans l'étendue de la Terre-Sainte.

DES VILLES DE REFUGE.

Lorsque les enfants d'Israël furent en possession de la Terre Promise, Dieu fit choix de six villes de la tribu de Lévi, pour servir d'asile aux *homicides involontaires*. Trois de ces villes étaient au delà du Jourdain, et les trois autres étaient en deçà du même fleuve. Les trois premières étaient *Bosor*, en la tribu de Ruben; *Gaulon*, dans celle de Manassé; *Ramoth-de-Galaad*, dans la tribu de Gad. Les trois autres étaient *Cédès*, dans la tribu de Nephtali; *Hébron*, dans celle Juda; et *Sichem*, dans la tribu d'Éphraïm. Ces différentes villes furent gouvernées par des juges durant le temps que les enfants d'Israël les conservèrent.

Ces juges ou grands-prêtres furent : Othoniel, Aod, Barac, Gédéon, Abimélech, Thola, Jaïr, Jephté, Abésan, Ahialon, Abdon et Samson.

Le pays où Josué établit le peuple d'Israël était appelé ordinairement *Terre de Chanaan*, parce qu'elle fut d'abord habitée par des Chananéens; ensuite *Terre Promise*, parce que Dieu avait promis de la donner à la postérité des patriarches Abraham, Isaac et Jacob; et enfin *Terre des Hébreux* ou *Israélites*, depuis Josué, qui la divisa en douze tribus.

Après le gouvernement des juges, cette terre, devenue un royaume, demeura environ cinq cents ans sous le gouvernement des rois, dont le premier fut Saül, le second David et le troisième Salomon. Après ce dernier, Roboam, son fils, lui succéda; mais, dès la première année de son regne, ce prince ayant mécontenté par sa mauvaise conduite une partie de la nation, Jéroboam se mit à la tête des mécontents, et il se forma deux royaumes, l'un au sud, sous le nom de *Royaume de Juda*, et l'autre au nord, sous celui de *Royaume d'Israël*. Le royaume de Juda, qui resta à Roboam et à sa postérité, ne contenait que le partage des tribus de Juda et de Benjamin; et celui d'Israël, qui passa à Jéroboam, était composé des dix autres tribus.

La septième année du règne d'Osée sur le royaume d'Israël, Salmanazar, roi d'Assyrie, assiégea Samarie, qui en était la capitale : elle fut prise l'an 721 avant J.-C. Les Israélites qui composaient ce royaume, en punition de ce qu'ils n'avaient point écouté la voix du Seigneur leur Dieu, et n'avaient point suivi toutes les ordonnances que Moïse leur avait prescrites, furent arrachés de leur pays, et dispersés à l'est de l'Euphrate et du Tigre.

Le royaume de Juda, sous le règne de Sédécias, finit, ainsi que le royaume d'Israël, par la prise de la capitale et par la captivité de la nation, qui eut lieu l'an 588 avant J.-C.

Nabuchodonosor, roi de Babylone, ayant assiégé Jérusalem, et l'ayant entièrement détruite, en fit prisonniers le roi et Saraïas, grand-prêtre, qu'il emmena avec tout le peuple. L'an 536 avant J.-C., l'un des premiers actes de Cyrus, roi de Perse, après s'être emparé de l'empire de Babylone, fut la délivrance des Hébreux, qu'il renvoya dans leur patrie, après laquelle ces infortunés n'avaient cessé de soupirer, ainsi qu'on le lit dans le quarante-troisième psaume de David.

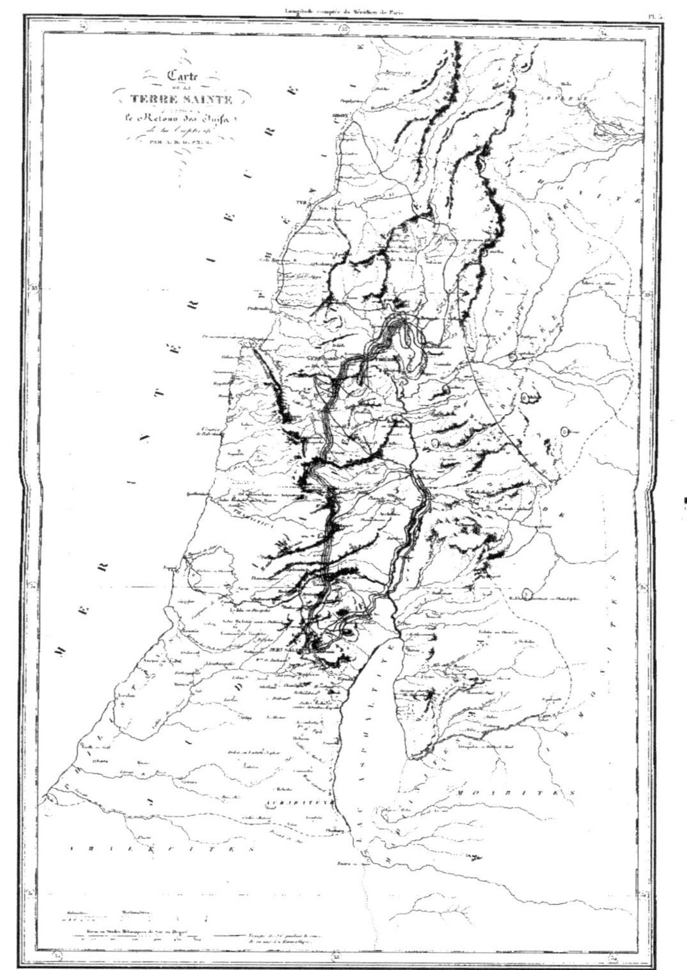
Carte
TERRE SAINTE

PAR l'extinction des royaumes de Juda et d'Israël, il ne resta aucune trace de la division du pays en tribus. Les Juifs, principalement ceux de la tribu de Juda, étant revenus de la captivité où Nabuchodonosor les avait transportés, rebâtirent Jérusalem, et peu à peu les autres villes.

Après le retour de la captivité, et dans les temps qu'on appelle *du second temple*, la Terre-Sainte fut divisée en quatre provinces, savoir : la *Judée*, située au midi; la *Galilée*, au nord; la *Samarie*, au centre; et la *Pérée*, que cette dénomination désigne comme étant au delà du fleuve du Jourdain. Toutes ces différentes provinces furent d'abord gouvernées par des grands-prêtres, qui remplacèrent les anciens juges, et ensuite par des rois. Elles dépendirent successivement des Perses et des Grecs. Elles furent soumises à Alexandre, aux rois d'Égypte et de Syrie. Sous les Machabées, la nation juive s'affranchit des rois étrangers, et fut gouvernée par ses propres princes. Elle devint un état entièrement indépendant, qui fut respecté, non-seulement des princes voisins, mais des états éloignés, et de Rome même. Les rois d'Égypte et de Syrie, qui avaient si fort maltraité les Juifs, furent obligés dans la suite de rechercher leur alliance.

La gloire des Juifs fut de courte durée; l'affaiblissement des royaumes d'Égypte et de Syrie avait servi à leur élévation, mais la ruine entière de ces deux royaumes attira la leur par l'accroissement immense de la puissance romaine. L'an 106 avant J.-C., un prince asmonéen, nommé Aristobule, y fut reconnu roi. Après quelques autres souverains de cette même dynastie, Hérode, prince iduméen, parvint au trône l'an 37 avant l'ère chrétienne. Après sa mort, le royaume fut divisé entre ses trois fils, Archélaüs, Hérode-Antipas, et Philippe.

L'empereur Auguste, qui fit ce partage, donna le nom d'ethnarque au premier, et celui de tétrarque aux deux autres. Archélaüs, fils aîné d'Hérode, posséda la Judée et la Samarie. Ce prince ne régna pas longtemps; les Romains le détrônèrent et s'emparèrent de son royaume.

Dans l'an 15e de l'empire de Tibère-César, Ponce-Pilate eut l'administration de la Judée au nom des Romains; Hérode-Antipas était tétrarque de la Galilée; Philippe, son frère, de l'Iturée et de la province de Trachonite, et Lysanias, d'Abylène.

DE LA JUDÉE, *JUDÆA*.

On comprend en général, sous la dénomination de Judée, tout le pays qui fut d'abord appelé *Terre de Chanaan*, et que les Israélites nommèrent ensuite *Terre Promise* ou *Terre d'Israël*.

Sous le règne de Salomon, elle fut divisée en douze intendances; mais les bornes du royaume de ce prince étaient bien au delà de la Judée. La Judée propre contenait tout ce qui avait appartenu aux tribus de Juda, de Benjamin, de Siméon et de Dan. Jérusalem en était la capitale.

La montagne qui est à l'orient de la ville de Jérusalem est celle qu'on appelle la *Montagne des Oliviers*. Elle fait partie d'une chaîne qui s'étend vers le nord et vers le sud-ouest. Assez près de cette montagne et au levant de Jérusalem s'élevait le bourg de Béthanie, *Bethania*, remarquable par les visites fréquentes que Jésus-Christ y a rendues à Lazare et à ses sœurs. Béthanie n'est plus aujourd'hui habitée que par quelques familles.

Bethléem, célèbre par la naissance de Jésus-Christ, est située à 8 kil. au sud de Jérusalem, sur une petite éminence. L'étable dans laquelle le Sauveur du monde naquit consiste, à ce que l'on croit, dans une grotte taillée dans le roc, suivant la coutume des Orientaux. L'impératrice Hélène fit bâtir dessus une église, à l'embellissement de laquelle Constantin le Grand contribua beaucoup. Cette église, qui est fort belle, contient encore les chapelles des saints Innocents et de sainte Catherine, le tombeau de saint Eusèbe, et ceux de sainte Paule et de sainte Eustochie.

Parmi les lieux remarquables qui sont autour de Bethléem,

nous devons mentionner la grotte où saint Joseph cacha la sainte Vierge et l'enfant Jésus lorsqu'ils s'enfuirent en Égypte. On a construit dessus une église dédiée à saint Nicolas. La vaste et riante plaine qui se trouve au nord de Bethléem est le champ où les bergers gardaient leurs troupeaux pendant la nuit, quand les anges leur annoncèrent la naissance du Messie.

Au nord-ouest de Bethléem se trouve la vallée de Rephaïm, où l'ange du Seigneur extermina l'armée de Sennachérib. Plus au nord de cette vallée sont le couvent et le désert de Saint-Jean. Le couvent, situé sur une colline qui se trouve parmi les montagnes, est bâti dans l'endroit même où était, suivant une tradition, la maison de Zacharie et d'Élisabeth, et où saint Jean naquit.

Jérémie fait mention de Chamaam, ville peu distante de Bethléem, où Johanan se retira avec ses gens de guerre, pour delà passer en Égypte.

Au nord-ouest de Jérusalem, et à 15 kil. de cette ville, s'élevait Emmaüs, où Jésus-Christ, après sa résurrection, fut reconnu de deux disciples qui l'avaient rencontré sur la route. Il leur expliqua, en commençant par Moïse, le sens des prophètes, et leurs yeux s'ouvrirent lorsque, étant à table avec eux, il leur rompit le pain eucharistique. A 2 myriamètres plus à l'ouest, on voyait un autre *Emmaüs*, appelé plus tard *Nicopolis*. Il est connu dans l'histoire des Machabées par la victoire que Judas remporta sur les Syriens, commandés par Ptolémée, fils de Dorymine.

Le premier Emmaüs, connu aujourd'hui sous le nom de Gebeby, n'est plus qu'un amas de ruines. On y voit encore les restes d'une église construite sur l'emplacement de la maison de Cléophas, où Jésus-Christ logea.

Sur la route de Jérusalem à Jéricho, l'on rencontre une petite vallée appelée le *Champ d'Adonim* ou *d'Adonumim*, c'est-à-dire le champ du sang, à cause des fréquents assassinats qui s'y commettaient. Il est fait allusion à cet endroit dans l'Évangile selon saint Luc, à l'occasion de la parabole du voyageur qui tomba entre les mains de voleurs.

Jéricho, aujourd'hui *Ryhah*, située à 28 kil. au nord-est de Jérusalem, n'est plus qu'un chétif village. On y voyait encore, du temps du voyageur Pococke, le sycomore où Zachée, chef des publicains, monta pour voir passer l'Homme-Dieu. C'est en sortant de Jéricho que Jésus-Christ, étant suivi d'une grande troupe de peuple, rendit la vue à deux aveugles.

Au nord-est de Jéricho, on arrive sur les bords du fleuve du Jourdain, à l'endroit où l'on pense que fut baptisé Jésus-Christ, et où une voix du ciel fit entendre ces paroles : « *C'est ici mon Fils bien-aimé, en qui j'ai mis toute mon affection.* »

Le désert où Jésus-Christ jeûna est dans les montagnes de Jéricho. La montagne sur le sommet de laquelle le Fils de Dieu fut transporté par le démon, est la plus haute : un abîme profond est creusé dans le bas, comme pour en interdire l'accès.

En allant par le chemin qui descend de Jérusalem à Gaza, l'on trouve un autre désert, qui est le même que celui où le diacre Philippe se rendit par ordre de Dieu ; il y rencontra l'eunuque, surintendant des trésors de Candace, reine d'Éthiopie, qui lisait la prophétie d'Isaïe concernant la passion de Jésus-Christ. Philippe, après lui avoir expliqué ce passage de l'Écriture, baptisa le nouveau prosélyte : après quoi le saint diacre fut enlevé par l'esprit du Seigneur, et l'Éthiopien ne le vit plus.

Ce fut dans Azotus, ou plutôt *Asdod*, que fut transporté Philippe, et il en sortit pour annoncer l'Évangile à toutes les villes par où il devait passer, jusqu'à ce qu'il vint à Césarée.

En nous étendant vers le nord, nous trouverons la position de Joppé, dont le nom actuel de *Yâfah* dérive du nom primitif, *Iapho*. Ce fut dans cette ville, le seul port que les Juifs aient eu dans la mer Méditerranée, que saint Pierre ressuscita une femme nommée Tabithe, ou Dorcas, selon que les Grecs expliquent ce nom. La maison de Simon le corroyeur, où logeait le prince des apôtres, était près de la mer.

A 35 kil. au nord-est d'Ascalon, s'élevait la ville maritime de Jamnia, ou *Iabne*. Elle fut en partie détruite par Judas Machabée. Adrichomius place dans son voisinage Casphin et Gédor, où les Syriens, sous les ordres de Cendebée, se retranchèrent ; mais ils y furent forcés par Simon, frère de Judas.

Dans la campagne de Saron, à 12 kil. à l'est de Joppé, était située Lydda, qui chez les Grecs prit le nom de Diospolis. Ce fut là que saint Pierre guérit un homme nommé Énée, qui depuis huit ans était paralytique : ce miracle occasionna la conversion d'un grand nombre de personnes.

Nous avons encore dans la Judée, au couchant de Jérusalem, Maspha, où Judas Machabée, après avoir rassemblé ses troupes, les prépara au combat par le jeûne et les exercices de piété. Ce fut auprès de Bethzachara, autre ville forte de la Judée au sud-ouest de Jérusalem, que se livra une bataille célèbre entre Judas Machabée et Antiochus Eupator.

Dans le premier livre des Machabées, il est aussi question de Bethbessen, place forte située dans le désert. Jonathas et Simon, son frère, y furent assiégés par Bacchide ; mais ils le repoussèrent.

Thécua, située à 17 kil. au sud-est de Jérusalem, est la ville où Jonathas et Simon se retirèrent avec leurs amis, après la mort de Judas, leur frère, et où ils réparèrent leurs forces. Suivant Josèphe, Thécua était voisine d'Hérodium. Cette dernière ville avait été construite par Hérode, en mémoire d'une victoire qu'il remporta sur les Juifs avant de parvenir à la royauté.

DE LA SAMARIE, *SAMARIA*.

La Samarie comprenait le territoire de la tribu d'Éphraïm, avec celui que Manassé possédait en deçà du fleuve du Jourdain. Elle occupait toute l'étendue, de l'orient à l'occident, qui est comprise entre le fleuve et la mer Méditerranée. Les peuples du royaume d'Israël ayant été transportés dans l'Assyrie par Salmanazar, ce prince établit dans leur pays des colonies tirées de ses états. Ces nouveaux habitants n'adoptèrent pas entièrement la religion du pays où ils furent établis, aussi n'eurent-ils aucune communication avec les Juifs. Cependant, après la mort du Sauveur, leur docilité à l'Évangile fut admirable. Jésus-Christ, qui voulut ménager la délicatesse des Juifs, défendit à ses disciples d'entrer dans leurs villes : « N'allez point voir les Gentils, et n'entrez point dans « les villes des Samaritains; mais allez plutôt aux brebis per- « dues de la maison d'Israël. » Ces peuples étaient appelés comme les autres à la miséricorde divine; mais ils mirent d'abord un obstacle à leur conversion, en refusant d'entendre l'Homme-Dieu.

Après la descente du Saint-Esprit, Philippe alla prêcher les Samaritains. Les apôtres qui étaient dans Jérusalem, ayant appris qu'ils avaient reçu la parole de Dieu, leur envoyèrent Pierre et Jean pour imposer les mains aux nouveaux convertis.

Samarie était la capitale de cette province. Elle dut sa fondation à un des successeurs du premier roi d'Israël. Après avoir été prise et détruite par Jean Hircan, fils de Simon, l'un des Machabées, elle fut réédifiée par Aulus Gabinius, proconsul de Syrie : Hérode lui rendit son ancien lustre, y bâtit un temple, et l'appela *Sébaste*, en l'honneur d'Auguste.

Sichem, qui était la ville royale d'Israël avant Samarie, prit ensuite le nom de *Néapolis*, c'est-à-dire ville nouvelle. Malgré l'état de désolation où la Palestine est réduite, elle conserve encore, sous le nom de *Nâplous*, une partie de son ancienne splendeur. Elle est bien bâtie, dans une vallée étroite, resserrée par le *mont Garizim* au midi, et le *mont Ébal* au nord. A 2 kil. de la ville et à l'extrémité de la vallée, l'on trouve le puits de Jacob, où Jésus, fatigué du chemin, s'arrêta et rencontra la Samaritaine.

Judas Machabée défit Nicanor, l'un des plus grands ennemis d'Israël, près de Capharsabe, située au milieu d'une campagne que les eaux et les bois rendaient extrêmement agréable. Hérode, après l'avoir fait rebâtir, lui donna le nom d'*Antipatris*, de celui d'Antipater, son père. Cette ville se trouvait dans la petite région nommée *Thamnitica*, au nord de Joppé. Antipatris fut honorée de la présence de saint Paul, lorsqu'on le conduisit à Césarée, devant Félix.

La ville qui, dans la suite, prit la supériorité sur toutes les autres, fut Cæsarea, qui, étant devenue la résidence des gouverneurs romains, fut appelée Césarée de Palestine, pour la distinguer de Césarée de Philippe ou *Panéas*, qui était près de la source du Jourdain. Ce lieu, nommé antérieurement *Turris Stratonis*, Tour de Straton, d'un Grec qui en fut le fondateur, fut choisi par Hérode pour y construire une ville magnifique et un port, qu'il appela encore *Sébaste*, en l'honneur de César-Auguste. Elle était située, suivant les auteurs anciens, sur la mer Méditerranée, entre Dora et Apollonias.

L'historien Josèphe nous a décrit la grandeur et la magnificence de Césarée. Il dit que l'on entrait dans le port par le vent du nord, qui est très-doux en ce lieu. On voyait à l'entrée trois statues colossales. On laissait à gauche une haute tour, et à droite deux colonnes très-élevées, bâties à l'extrémité de la jetée. On avait élevé, autour du quai, de belles maisons de marbre, et ce fut au milieu, vis-à-vis de l'entrée du port, qu'Hérode fit construire, sur une éminence, le temple d'Auguste, d'une beauté et d'une magnificence extraordinaires. Il y fit placer une statue colossale de ce prince, sur le modèle de la statue de Jupiter à Olympie, et une statue de la ville de Rome, pareille à celle de Junon à Argos. Hérode fit aussi construire un théâtre, un amphithéâtre, et une place ou marché.

Il est parlé plusieurs fois de Césarée dans le Nouveau-Testament. Saint Paul y fut détenu deux ans prisonnier dans le palais d'Hérode; il plaida sa cause devant le roi Agrippa et Festus, du jugement desquels il appela à Rome. Le centenier Corneille, de la légion appelée *Italienne*, y faisait sa résidence, lorsque l'ange qu'il vit dans une vision lui ordonna d'envoyer chercher saint Pierre à Joppé. Philippe l'évangéliste, l'un des sept diacres, y demeurait aussi avec ses quatre filles, qui étaient prophétesses.

De cette superbe cité élevée en l'honneur d'Auguste, il ne reste plus qu'un pauvre village connu sous le nom de *Qaysâryeh*.

Si nous nous transportons sur la rive occidentale du fleuve du Jourdain, nous rencontrons Ennon, auprès de laquelle on croit que saint Jean baptisait, attendu l'abondance des eaux. A 2 myriamètres au nord de cette ville, et sur les confins de la Samarie, s'élevait Bethsan, plus célèbre sous le nom de *Scythopolis*, qu'elle tire des Scythes, qui, 635 ans avant J.-C., sous le règne de Cyaxare, roi de Perse, sortirent des Palus-Méotides, et qui, après avoir chassé les Cimmériens, s'avancèrent dans la Médie, y battirent l'armée de ce prince, se répandirent de là dans l'Asie et jusqu'en Égypte, et laissèrent une colonie dans la ville de Bethsan.

Scythopolis, appelée par Étienne de Byzance et par Pline, *Nysa*, était, suivant Josèphe, la plus grande ville de la Décapole : on en retrouve encore quelques vestiges sous le nom de *Bysân*. Elle était située dans une position avantageuse, à 2 kil. du Jourdain.

Nous distinguerons encore, dans la province de Samarie, Adarsa, où Judas Machabée défit les troupes syriennes commandées par Nicanor, qui fut tué dans cette action. Nous ajouterons Machmas, près de Béthel, où Jonathas commença à juger le peuple et à exterminer les impies du milieu d'Israël;

enfin, au sud-est de Sichem, Acrabathane, dont les habitants, après être entrés dans le parti des Syriens, en furent sévèrement punis par Judas Machabée.

DE LA GALILÉE, *GALILÆA*.

La Galilée, une des plus fertiles contrées de la Palestine, était au nord de la province de Samarie. On la divisait en deux parties, la Basse-Galilée et la Haute-Galilée. La Basse-Galilée comprenait les territoires d'Issachar et de Zabulon. La Haute-Galilée avait les anciens partages d'Aser et de Nephtali. On l'appelait aussi *Galilæa Gentilium*, ou la Galilée des Gentils, parce qu'elle renfermait un grand nombre de païens parmi les Israélites. Les Galiléens avaient un dialecte différent de celui des Juifs : saint Pierre fut reconnu à son langage chez le grand-prêtre Caïphe.

A l'entrée de la Galilée et du côté du midi est une grande plaine qui, dans l'antiquité, portait le nom de *Jezraël*. En avançant du côté de l'occident et en tendant vers le Carmel, *Carmelus mons*, se trouvait la ville devenue une place romaine sous le nom de *Legio*. Cette ville est célèbre dans les écrits d'Eusèbe et de saint Jérôme.

Nous citerons plusieurs villes maritimes près du Carmel : la position d'un lieu nommé *Atlik*, ou *Château-Pèlerin*, convient à celle qui tirait des sycomores le nom de *Sycaminos*. Du temps d'Eusèbe, elle n'était plus qu'un bourg. Porphyrion, près de *Caïffa*, était au sud-ouest de Ptolémaïs, la côte formant, par le sud-est, un croissant dont la pointe se termine au promontoire du Carmel. Porphyrion était ainsi nommé de la couleur pourpre, parce que c'était sur cette côte principalement que se faisait la pêche du coquillage qui sert à cette belle teinture. Cette ville est la même que celle nommée Gaba par Josèphe.

Le mont Carmel, que l'on sait avoir été dans le partage de la tribu d'Aser, était fertile et couvert d'arbres fruitiers, d'oliviers et de vignes. C'est de cette dernière production qu'il avait pris son nom, puisque Carmel signifie *plant de vignes*.

A cent vingt stades du Carmel et en suivant la côte, l'on trouve Ptolémaïs, située à l'embouchure nord-ouest d'une baie, dans une plaine fertile bornée au nord par les montagnes de l'Anti-Liban, et à l'orient par celles de Galilée. Ce fut une des villes dont les Israélites ne chassèrent point les habitants. Elle a toujours conservé, parmi les naturels du pays, son ancien nom d'*Accho*, car les Arabes l'appellent encore aujourd'hui *A'Kkah*. Les Grecs lui donnèrent celui de Ptolémaïs, d'un des Ptolémée, roi d'Égypte. On l'appelait *Saint-Jean-d'Acre* dans le temps que les chevaliers de Saint-Jean de Jérusalem en étaient les maîtres.

A l'orient d'une chaîne de montagnes qui s'étend vers le sud, s'élevait la ville de Nazareth, où, après la sortie d'Égypte, Joseph, la Vierge Marie et l'Enfant Jésus se retirèrent, afin que ce qui avait été dit par les prophètes s'accomplît : *Il sera appelé Nazaréen*. Quand Jésus eut atteint l'âge de douze ans, déjà plein de sagesse, et la grâce de Dieu étant en lui, il se rendit à Jérusalem avec ses parents, au temps où l'on solennisait la Pâque, et il resta dans le temple pendant trois jours, écoutant et interrogeant les docteurs, étant assis au milieu d'eux : après quoi il retourna à Nazareth, où il demeura jusqu'à l'âge de près de trente ans, jusqu'au moment où devaient arriver les merveilles que le Tout-Puissant était prêt à faire éclore.

Le couvent des moines latins du Saint-Sépulcre, à Nazareth, est un bel et grand édifice construit sur l'endroit même où était la maison de saint Joseph et de la sainte Vierge.

A 2 kil. au sud-sud-est de la ville est un endroit nommé le *Précipice*. C'est le débouché ou la gorge des montagnes de Nazareth sur la *vallée d'Esdrelon*. On y remarque une montagne coupée presque perpendiculairement depuis le sommet jusqu'au fond de la vallée. Ce fut en ce lieu que les Juifs de Nazareth conduisirent notre Sauveur, afin de le précipiter ; mais il passa au milieu d'eux sans qu'ils pussent lui faire aucun mal.

A l'orient de Nazareth et au milieu d'une belle plaine, s'élève le mont Tabor, que les habitants appellent *Gebel Tour*. C'est sur le sommet de cette montagne, suivant le sentiment de beaucoup d'interprètes, que Notre-Seigneur, en présence de trois de ses disciples, Pierre, Jacques et Jean, se montra dans l'éclat de sa gloire par la transfiguration.

A 8 kil. au sud-ouest du Tabor était Naïm, que la résurrection du fils de la veuve a rendu à jamais mémorable. La pécheresse que le Sauveur convertit, et qui vint se jeter à ses pieds chez Simon le pharisien, était de cette ville.

En avançant au nord de Nazareth et presque à la hauteur du Carmel, nous trouvons Sepphoris, dont il est parlé dans Josèphe comme de la plus forte place et de la plus considérable des villes de la Galilée. Elle prit le nom de *Dio-Cæsarea* au temps de saint Jérôme.

Après avoir traversé les montagnes qui environnent la vallée de Nazareth, on tourne vers le nord et l'on arrive à Cana, célèbre par le premier miracle de Jésus-Christ.

La *montagne des Béatitudes* est à 6 kil. au nord du mont Tabor. Cette montagne paraît raboteuse et remplie de rochers, mais l'éminence qui est du côté de l'orient est unie et couverte de pâturages; ce fut là que notre Rédempteur fit ce fameux sermon que les Évangélistes nous ont conservé. A environ 1 kil. à l'orient, près de la crête de l'éminence qui aboutit à la mer de *Tibériade, Lacus Gennesaritis*, sont plusieurs grosses pierres noires, dont deux sont plus grosses que les autres. On croit que ce fut sur celles-ci que Jésus-Christ bénit les pains dont il nourrit les cinq mille âmes qu'il avait fait asseoir sur le gazon.

A 5 kil. au nord de la mer de Tibériade, se trouvaient les ruines d'une ville appelée *Baïtsida*, l'ancienne Bethsaïde de Galilée, dont il est plus d'une fois parlé dans l'Évangile. Elle a donné naissance à trois apôtres : Pierre, André et Philippe. Jésus-Christ y guérit un aveugle.

La ville de Tibérias, aujourd'hui *Tabaryeh*, est située sur le lac de ce nom, à l'extrémité septentrionale d'une plaine étroite, qui s'étend le long de ce lac jusqu'au Jourdain. Hérode-Antipas, qui en fut le fondateur, lui donna le nom de l'empereur Tibère. Cette ville devint la capitale de la Galilée, mais ce titre fut dans la suite transféré à Sepphoris. La mer de Tibériade, l'un des plus beaux lacs que l'on puisse voir, est bornée à l'orient et au couchant par des montagnes, et au nord et au midi par une grande plaine. Jésus-Christ opéra quantité de miracles dans les environs de cette mer, pendant le séjour qu'il fit à Capharnaüm.

Sur les bords du lac de Tibériade, et à l'ouest de sa pointe méridionale, était située la ville de Tarichœa, célèbre par ses poissons salés. On y voit encore des décombres et des murs, et l'endroit même porte le nom de *Ard el Malâhha*, qui est synonyme du nom grec de Tarichœa. Suétone l'appelle une ville très-forte, *Urbem validissimam Tarichœam*.

Capharnaüm, que saint Matthieu place sur les confins des tribus de Zabulon et de Nephtali, était située sur le bord de la mer de Tibériade, dans la contrée de Gennésareth, à peu de distance (à l'ouest) de l'embouchure du Jourdain dans cette mer. Jésus-Christ, ayant quitté Nazareth, établit sa résidence ordinaire en cette ville. Il enseigna souvent dans la synagogue et sur le bord de la mer; ce fut là aussi qu'il opéra beaucoup de miracles, qu'il guérit un paralytique et une multitude de malades; qu'il rendit la vue à deux aveugles; qu'il délivra un possédé, guérit le serviteur du centenier, et qu'il ressuscita la fille de Jaïre, chef de la synagogue.

Corozaïn n'était pas éloignée de Capharnaüm, au bord de la même mer. Ces deux villes étaient distantes l'une de l'autre de 5 kil. Quoiqu'il ne soit fait mention d'aucun miracle de notre Sauveur dans la ville de Corozaïn, on ne peut douter que cette ville n'ait été témoin de plusieurs prodiges, d'après le reproche qu'il lui fait de son impénitence : « Malheur à « toi, Corozaïn; malheur à toi, Bethsaïde; parce que, si les « miracles qui ont été faits au milieu de vous avaient été faits « dans Tyr et Sidon, il y a longtemps qu'elles auraient fait « pénitence. »

Tyr et Sidon, que Jésus-Christ vient de citer, étaient voisines de la Galilée. Le christianisme s'établit de bonne heure dans ces deux villes phéniciennes : Tyr devint métropole; Sidon avait un évêque suffragant de Tyr, de même que Ptolémaïde.

Tyr, cette ville riche et superbe, cette reine des mers, dont le prophète Ézéchiel nous a tracé le brillant tableau, paraît avoir porté en phénicien le nom de *Tzor*, que probablement on nommait aussi *Tzir* ou *Tzur*. Deux villes ayant porté ce nom, l'une sur le continent, et l'autre dans une île très-proche du continent, mais un peu plus au nord, il convient de distinguer ici ce que les historiens ont dit de la fondation de ces deux villes. Comme cité ou corps politique, c'était bien à peu près toujours la même Tyr; mais comme ville ou lieu habité par les Tyriens, il y en eut deux bien différentes. Nous allons les distinguer ici, en nommant la plus ancienne *Palæ-Tyrus*, et l'autre seulement *Tyrus*.

Josué, dans le partage qu'il fit aux enfants d'Aser, leur donna Tyr pour limite au nord, et il en parle comme d'une ville forte. « Elle retournait (la tribu d'Aser) vers Horma, « jusqu'à la forte ville de Tyr. » Selon Sanchoniaton, les fondements en avaient été jetés par Upsouranios, qui, le premier, habita le lieu où elle fut située. Il y construisit, dit cet historien, des cabanes de joncs et de roseaux : rien de plus naturel; la plupart des grandes villes ont commencé ainsi. Dans la suite, les Sidoniens, vraisemblablement pour se débarrasser d'une population trop abondante, envoyèrent à Tyr (Palæ-Tyrus) une colonie assez considérable. Cette régénération fut une fondation nouvelle pour les peuples voisins, qui, dans la suite, regardèrent Tyr comme fondée par des Sidoniens. Cette ville ne tarda pas à devenir puissante, et eut ses rois particuliers. Après la prise de Samarie par Salmanazar, roi d'Assyrie, ce prince entra en Phénicie avec toutes ses forces. Les Tyriens, avec seulement douze vaisseaux, défirent la flotte de Salmanazar, composée de soixante voiles. Cette perte fit changer au roi d'Assyrie le plan de son attaque; il prit le parti de former un blocus : les assiégés se défendirent avec un courage et une persévérance qui fit durer le siége cinq ans. La mort de Salmanazar, arrivée pendant ces entrefaites, fit lever le blocus, et rendit la liberté aux Tyriens.

Cent vingt-neuf ans après, Tyr fut de nouveau assiégée par Nabuchodonosor, qui resta treize ans devant cette ville. A la fin elle fut emportée d'assaut, et le féroce roi de Babylone, au lieu d'avoir quelque pitié des malheureux que le défaut de moyens forçait à rendre la place, les fit tous passer au fil de l'épée. La ville fut rasée jusqu'aux fondements.

Une partie des Tyriens, qui pendant le siége de leur ville avaient pu se retirer, allèrent s'établir dans l'île où fut bâtie la nouvelle Tyr, et traitèrent avec Nabuchodonosor, qui leur donna Baal pour roi. Ce prince ne régna que dix ans. Après sa mort, les Tyriens ne voulurent plus reconnaître de roi à Tyr; ils y établirent des gouverneurs dont l'administration ne devait durer que pendant un certain nombre d'années : on les nommait *Sophetim*. Cette espèce de gouvernement dura jusqu'au commencement de la monarchie des Perses. Ils furent alors soumis aux princes de cette nation pendant soixante-dix ans, après lesquels ils furent rétablis dans leurs anciens priviléges par Cyrus. Ce fut quelque temps après qu'arriva la fameuse conjuration des esclaves. Les Tyriens, se livrant à toute l'avidité de leur commerce, et sacrifiant les droits même de l'humanité aux ressources que leur offraient les travaux de leurs esclaves, les en accablèrent à un tel point, que ceux-ci, las d'un joug oppresseur, formèrent et exécutèrent le plan d'une conspiration générale. Un seul maître échappa par la bienveillance de son esclave qu'il avait toujours bien traité : il se nommait Straton. Ce fut lui qu'ils élirent à la royauté. La famille de ce prince était encore sur le trône lorsque Alexandre vint faire le siége de cette ville.

Tyr passa successivement sous la domination des rois d'Égypte et de ceux de Syrie. Sous le règne d'Alexandre Zébinas, l'un des Séleucides, Tyr obtint l'autonomie et la liberté.

La Syrie ayant été conquise par Pompée, et réduite en provinces romaines, Tyr suivit le sort de la province. Cependant il lui fut permis d'avoir des rois; mais ce titre de roi était bien précaire. Marion ne l'obtint qu'à prix d'argent, de Cassius, général romain, qui vendit la couronne à l'enchère. Il fut déposé par Marc-Antoine l'an 41 avant l'ère chrétienne.

A environ 6 kil. au sud-est de Tyr, on arrive aux fontaines qui fournissaient de l'eau à cette ville par le moyen d'un aqueduc; on les appelait les fontaines de Salomon. Elles furent construites dans le temps que ce prince fit alliance avec Hiram, roi de Tyr. Il en est fait mention dans le *Cantique des Cantiques*, où il est dit : « Ma sœur, mon épouse « est un jardin fermé et une fontaine scellée. Vos plants for- « ment comme un jardin de délices rempli de pommes de « grenade et de toutes sortes de fruits de Cypre et de nard : « le nard et le safran, la canne aromatique et le cinnamome, « avec tous les arbres du Liban, s'y trouvent, aussi bien que « la myrrhe, l'aloës et tous les parfums les plus excellents. « C'est là qu'est *la fontaine des jardins et le puits des eaux vi-* « *vantes, qui coulent avec impétuosité du Liban*. Levez-vous, « Aquilon; venez, vent du midi; soufflez de toutes parts « dans mon jardin, et que les parfums en découlent. »

L'eau de ces fontaines est si abondante qu'on l'emploie encore aujourd'hui pour faire aller plusieurs moulins. Elles sont entourées de fortes murailles d'environ 4ᵐ 90 de hauteur, qui, retenant l'eau, la font élever à une hauteur suffisante pour pouvoir être conduite à Tyr par le moyen d'un aqueduc.

Sidon, célèbre par ses ateliers, son commerce, et chantée par Homère, est éloignée de 44 kil. de la ville de Tyr. (Voir pour la description de Sidon, l'article *Sidoniens*, chap. III.)

Si nous revenons dans l'intérieur des terres, et que nous commencions par la partie septentrionale, la première ville que nous rencontrons est Panéas, située près des sources du Jourdain. Hérode, en reconnaissance de ce qu'il avait été mis en possession de la Trachonitide par Auguste, éleva un temple à ce prince sur le mont Panius. Dans le partage des états d'Hérode entre ses enfants, Philippe, qui eut la Trachonitide, donna à la ville de Panéas le nom de *Cæsarea*, et, pour la distinguer de Césarée de Palestine, elle fut appelée *Cæsarea Philippi*. Cette ville, autrefois si florissante, est maintenant détruite, et sur ses ruines s'élève le petit hameau de *Baniâss*, d'à peu près vingt misérables cabanes habitées par des Mahométans.

Ce fut près de cette ville que Jésus-Christ interrogea ses disciples sur l'opinion qu'on avait de lui : Pierre rendit témoignage à sa divinité en lui disant : Vous êtes le *Christ*, le fils du Dieu vivant. Jésus lui répliqua par cette prophétique réponse : Et moi aussi, je vous dis que vous êtes Pierre; que sur cette Pierre je bâtirai mon église, et que les portes de l'enfer ne prévaudront point contre elle. La femme malade d'un flux de sang, et que Jésus guérit, était de Panéas.

Le champ d'Asor, voisin de la ville de ce nom, située au nord-ouest de Panéas, fut le théâtre d'une grande victoire que Jonathas Machabée remporta sur les généraux de Démétrius Nicator, qui étaient venus avec une puissante armée pour l'empêcher d'entrer en Syrie.

DE LA PÉRÉE, *PEROEA*.

Quoique tout le pays qui est au delà du fleuve du Jourdain doive être en général appelé *Peræa*, puisque cette dénomination veut dire *étant au delà de ce fleuve*, nous devons néanmoins distinguer dans l'espace qui renfermait les tribus de Ruben, de Gad et la demi-tribu de Manassé, plusieurs autres cantons connus sous les noms de *Gaulonitis*, *Batanœa* et *Galaaditis*.

La Gaulonite ou *Gaulonitis*, ou *Gaulonitis Regio*, prenait son nom de la ville de Gaulon, qui y était située, et faisait partie de la demi-tribu de Manassé au delà du Jourdain; elle s'étendait le long de la rive orientale de la mer de Galilée jusqu'aux sources du Jourdain.

La Batanée ou *Batanœa* était l'ancien pays d'Og, roi de Basan. Elle était bornée au nord par des montagnes, à l'orient par la plaine d'*Haouran*, au midi par le torrent d'Hiéromax, et à l'occident par la Gaulonite.

La Galaaditide ou *Galaaditis* prenait son nom de la montagne de Galaad : elle se trouvait comprise entre les torrents d'Hiéromax et de Jabok. Suivant Eusèbe, le mont de Galaad s'étendait depuis le Liban au nord, jusqu'au pays que possédait Séhon, roi des Amorrhéens, et qui fut cédé à la tribu de Ruben.

La Pérée ou *Peræa* proprement dite comprenait l'ancien partage des tribus de Gad et de Ruben, et s'étendait, du sud au nord, depuis le torrent d'Arnon jusqu'au mont Galaad.

Afin de compléter notre géographie de la Palestine depuis le retour de la captivité, nous allons passer à la description des villes qui se trouvaient au delà du fleuve du Jourdain.

La première ville que nous rencontrons à l'entrée du Jourdain dans la mer de Galilée ou Tibériade, est la ville de *Julias*, qui reçut ce nom de Philippe, tétrarque de la Trachonitide; elle était située sur la lisière d'une petite plaine fertile, qui s'étend jusqu'au lac. A la ville de Julias, que nous pensons être la même que celle de Bethsaïde, a succédé le petit village de *Tallanihié*, remarquable par la grande quantité d'Aloës qui y croissent.

Hippos était située sur la rive orientale de la mer de Galilée, au pied d'une montagne du même nom, et vis-à-vis la ville de Tibériade. Un peu plus au sud, et toujours sur la partie orientale de la même mer, sur une montagne escarpée, s'élevait Gamala, qui faisait partie du royaume d'Agrippa. Cette ville n'ayant pas voulu se soumettre à ce prince, elle fut assiégée premièrement par Agrippa, ensuite par l'armée romaine, qui, après un long siége, la prit et la saccagea. C'est dans le château de Gamala qu'Alexandre, fils d'Hircan, prit Démétrius. Josèphe l'ayant fortifiée, Vespasien la prit, et en fit mettre à mort les habitants, dont une partie s'était précipitée du haut de la citadelle. Il n'en réchappa, selon Josèphe, que deux sœurs, qui parvinrent à se dérober aux recherches et à la cruauté des Romains.

De cette ville célèbre par sa belle défense contre les Romains, il ne reste plus que le village *Phik*, dans le district de *Dschaulan*.

Dans l'angle d'une haute montagne formé par l'Hiéromax, aujourd'hui *Scheriàt-Manàdra*, et par un autre petit torrent désigné dans la géographie moderne sous le nom de *Ouàdy al Arab*, s'élevait la cité de Gadara. Cette ville, qui selon Polybe était regardée comme la place la plus forte du pays, subsiste encore sous le nom de *Om-Keis*. Au pied de la montagne sur laquelle se voient les ruines de l'ancienne capitale de la Pérée, et sur la rive septentrionale de l'Hiéromax, se trouvent les sources chaudes dont parle saint Épiphane.

On rencontre encore dans la Palestine, au delà du Jourdain, au nord de l'Hiéromax, Dalmanutha, où Jésus-Christ se rendit en quittant la mer de Tibériade. C'est en ce lieu que les Pharisiens, étant venus le trouver, lui demandèrent, pour le tenter, qu'il leur fît voir quelque prodige dans le ciel. Suivant saint Matthieu, cette ville était voisine de Magédan.

Abila, aujourd'hui *Abil*, était située sur la partie méridionale de l'Hiéromax. Cette ville, dont Antiochus se rendit maître, est maintenant totalement ruinée et abandonnée; mais ses débris attestent sa splendeur passée. Au nord-ouest d'Abila s'élevait Capitolias, ville décapolitaine. La table de Peutinger la place entre Adraa et Gadara; et Antonin, sur la route de Damascus à Scythopolis, entre Neve et Gadara.

La ville d'Édrei ou d'Adraa, nommée *Esdraei* par Eusèbe et par saint Jérôme, est actuellement ruinée et déserte; on en trouve encore quelques vestiges à l'est de la route des pèlerins de la Mecque. Cette ville était l'une des plus importantes du territoire du roi de Basan, qui, du temps de Moïse, résidait à Astaroth, ou le *Boszra* d'aujourd'hui. Suivant saint Jérôme, à Astaroth a succédé Carnaïm. Là était un temple fameux, où les Syriens, sous la conduite de Timothée, s'enfuirent après leur défaite. Judas Machabée prit la ville, et brûla le temple avec tous ceux qui étaient dedans; et Carnaïm fut réduite à la dernière humiliation.

Au midi de l'Hiéromax, à peu de distance du Jourdain, était la ville d'Éphron, place grande et extrêmement forte. Elle fermait un passage entre des montagnes. Ses habitants en ayant refusé le passage à Judas Machabée, il en ordonna l'assaut, et la fit détruire jusqu'en ses fondements. Ce général voulait de là passer le Jourdain vis-à-vis de Bethsan ou Scythopolis, pour se rendre en Judée.

Gerasa, aujourd'hui *Dscherràsch*, était située dans une

plaine ouverte, fertile, et traversée par une petite rivière qui se jette dans le Jabok, aujourd'hui le *Serka*. Un voyageur moderne, qui a visité l'ancienne cité des Géraséniens, compare ses ruines à celles de Palmyre et de Baalbek. Ce fut aux environs de cette ville que Jésus-Christ délivra deux possédés, et donna aux démons qu'il chassa de leurs corps la liberté d'entrer dans un troupeau de pourceaux.

Sur la rive septentrionale du torrent de Jabok se trouvait Casbon, place forte; de même que Carnion, qui fut prise d'assaut par Judas Machabée. Non loin de cette dernière ville s'élevait Pella, mise dans la Cœle-Syrie par Étienne de Byzance, et dans la Décapole par Pline. On voit dans l'histoire qu'elle reçut les chrétiens qui abandonnèrent Jérusalem, lorsque cette ville fut menacée de sa ruine par un siége.

Sur l'un des bras du Jabok, qui porte dans la géographie moderne le nom de *Nahr-Ammân*, se trouvait *Rabbath-Ammon*, qui, dans la suite, devint célèbre sous le nom de Philadelphia. Au dire d'Étienne de Byzance, c'était la troisième ville de la Syrie qui porta successivement les noms d'*Ammon*, d'*Astarte*, et enfin de Philadelphia, d'après le nom de Ptolémée Philadelphe.

Entre le torrent de Jabok et celui de Jaser, se trouvait Mageth, grande et forte ville; puis la forteresse de Dathéman, dont il est parlé dans le premier livre des *Machabées*; et, enfin, Alim, près de l'embouchure du torrent de Jaser dans le Jourdain.

A l'est du lac Asphaltite, et proche du mont Nebo, sur la cime d'un roc escarpé, avait été bâti le château de Machœrus, par Alexandre, roi des Juifs. Aristobule le fortifia pendant la guerre que lui fit Gabinius; mais y ayant été pris par ce général romain, le château fut démoli. Hérode le Grand le rétablit, et y fit construire une ville, qu'il entoura de murailles et de fortes tours. Ce prince avait un palais dans cette place, dont Hérode-Antipas hérita de son père, et où fut enfermé saint Jean-Baptiste.

Près de là sont les sources chaudes de Calli-Rhoé, qui en grec signifie *belle fontaine*. La ville de Mennith était au bord du torrent de Jaser : il en est fait mention au livre des *Juges*, au sujet des victoires que Jephté remporta sur les Ammonites.

Madaba, ville beaucoup plus méridionale, est fameuse par une expédition de Jonathas Machabée contre les fils de Jambri, qui y faisaient un mariage célèbre, et qui menaient de Madaba en grande pompe une nouvelle fiancée, fille d'un des premiers princes de Chanaan. Jonathas, pour venger le sang de son frère Jean, qu'ils avaient assassiné, fondit sur eux, en tua un grand nombre, en emporta toutes les dépouilles, et revint en deçà du Jourdain. Ainsi, les noces se changèrent en deuil, et les concerts en cris lamentables.

La *Décapolis* était une confédération de dix villes, qui, n'étant point occupées par des Juifs, avaient un intérêt commun à se précautionner contre les entreprises des princes asmonéens, par qui la nation juive fut gouvernée jusqu'au règne d'Hérode. Ces villes étaient : Scythopolis, Gadara, Hippos, Gerasa, Canatha, Pella, Dium, Philadelphia, Abila et Capitolias.

Nous avons vu que, par le partage fait entre les enfants d'Hérode le Grand, Archélaüs posséda la Judée et la Samarie; qu'Hérode-Antipas eut la Galilée et la Pérée, et que Philippe fut mis en possession de la Trachonite et de l'Iturée. L'Évangile, en parlant de ces tétrarques, fait aussi mention de Lysanias, tétrarque d'Abylène. Ce dernier pays n'était point dans la Judée, mais dans la *Cœle-Syria* ou Syrie creuse, entre les différentes chaînes du mont Liban, où était Abila, au nord-ouest de Damascus.

La ville d'Abila, nommée par Pline *Leucas*, était située dans une vallée sur le bord du Chrysorrhoas, aujourd'hui *Barrada*.

La Trachonite ou *Trachonitis* est un pays rude, montueux, et d'un accès difficile. Il est au nord de la Batanée. Saint Jérôme nous en fixe les limites, en nous apprenant que cette province était au delà de Bostra ou Boszra, en tirant du côté de Damas. Suivant Strabon, le canton qu'habitaient les *Trachônes* renferme des cavernes profondes, dont une peut contenir jusqu'à quatre mille hommes. Elle servait de refuge aux brigands, lors des incursions qu'ils faisaient de différents côtés contre les Damascéniens; ces brigands pillaient principalement les marchands de l'Arabie-Heureuse.

L'Iturée ou *Ituræa* était située entre la Trachonitide et la Batanée, au sud de Damas.

Pl. 6

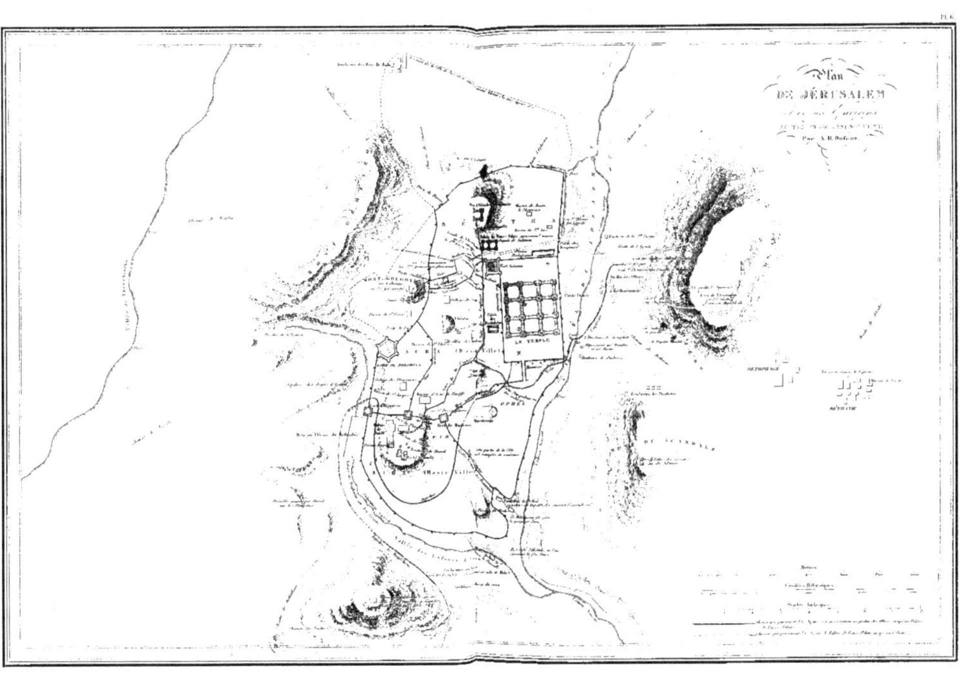

DE LA VILLE DE JÉRUSALEM.

JÉRUSALEM, l'une des plus anciennes villes du monde et la plus célèbre de l'Orient, fut fondée par le grand-prêtre Melchisédech : il la nomma *Salem*, c'est-à-dire la Paix. Cinquante ans après sa fondation, elle fut prise par les Jébuséens, qui bâtirent sur le mont Sion une forteresse, à laquelle ils donnèrent le nom de Jébus, leur père : la ville prit alors le nom de *Jérusalem*, qui signifie Vision de paix. Josué, la première année de son entrée dans la Terre Promise, après avoir fait mourir le roi Adonisédech, s'empara de la partie basse de la ville ; mais les Jébuséens restèrent maîtres de la forteresse jusques au temps où David les en chassa. La ville de Jébus prit alors le nom de cité ou de forteresse de David.

La ville de Jérusalem est située à l'extrémité méridionale d'une grande plaine, qui s'étend vers le nord du côté de Samarie. Elle est entourée des autres côtés par des vallées, dont celles qui sont à l'orient et au midi sont très-profondes. La première s'appelle la vallée de *Cédron ;* la seconde, *Ge-ben-Ennom*, ou la vallée des enfants d'Ennom.

La ville, dans sa plus grande étendue, était bâtie sur les quatre monts *Sion*, *Acra*, *Moria* et *Bezetha*. Sur le premier, qui est plus élevé que les autres, était placée *la cité de David*. Jérusalem se divisait en supérieure et en inférieure ; la partie haute était située sur le mont Sion, et la partie basse sur les trois autres monts.

L'historien Josèphe nous apprend que Jérusalem était défendue par trois murailles. Celle qu'il appelle la plus ancienne couvrait non-seulement Sion à l'égard des dehors de la ville, mais elle séparait encore cette partie d'avec la ville inférieure. Le mont Acra était également muré, ainsi que le mont Moria. Les murailles étaient flanquées de tours, et la distance de l'une à l'autre était de deux cents coudées. On en comptait jusqu'à cent soixante-quatre. Outre ces tours, qui soutenaient les murailles et qui défendaient l'approche de la ville, il y avait les forteresses d'Hippicos, de Pséphina, de Phazaël et de Mariamne. Cette dernière, à laquelle Hérode donna le nom de son épouse favorite, était moins forte que les autres, mais beaucoup mieux bâtie. Ce prince avait voulu que son intérieur répondît à la beauté de celle qui en était l'objet.

Jérusalem avait sept portes : la première se nommait la porte du Troupeau, *porta Gregis*, parce que c'était par là que l'on faisait entrer les animaux destinés aux sacrifices. La porte des Poissons était la seconde : elle tirait son nom du marché aux poissons, qui en était proche. La porte de Damas était la troisième. La quatrième, la porte de Sion, était placée du côté de cette auguste montagne. Du côté de l'orient était la cinquième porte, nommée *la porte Dorée*, par laquelle Jésus-Christ entra à Jérusalem le jour des Rameaux. La porte Sterquiline ou des ordures était la sixième : c'est par cette porte que les Juifs amenèrent Jésus-Christ à Pilate, après l'avoir pris au jardin des Oliviers. Enfin, la septième était la porte Judiciaire, qui tirait son nom du lieu des exécutions publiques, qui était vis-à-vis.

Les auteurs anciens nous ont laissé plusieurs mesures sur le circuit de l'ancienne Jérusalem. Eusèbe, dans sa *Préparation évangélique*, lui donne 27 stades. Josèphe, dans sa *Guerre des Juifs*, en compte 33. Timocharès, dans une *Histoire* du roi Antiochus-Épiphanes, a écrit que Jérusalem avait 40 stades de circuit. Enfin, Hécatée lui donnait 50 stades de circonférence. La mesure de l'enceinte de l'ancienne Jérusalem roule donc sur les nombres de 27 à 50 stades. Mais nous pensons, d'après le célèbre D'Anville, que la mesure de 27 stades est celle qui mérite une préférence toute particulière, puisqu'elle correspond à 4 kil. 972 ^{m} 50, valeur du circuit de la trace de l'ancienne enceinte de Jérusalem, prise sur le plan de M. Deshaies.

La ville de Jérusalem, telle qu'Hadrien l'a fait rebâtir l'an 137 de l'ère chrétienne, sous le nouveau nom d'*OElia-Capitolina*, après sa destruction par Titus, avait à peu de chose près la même place qu'elle occupe aujourd'hui. Hadrien mit hors de son enceinte une partie des monts Sion et Bezetha, et, par une providence particulière, il enferma dans ses murs le *Golgotha* ou le mont Calvaire ; mais ce prince idolâtre y fit élever une statue à Vénus, et une autre à Jupiter sur le Saint-Sépulcre.

La montagne de Sion, qu'Hadrien retrancha de l'enceinte de Jérusalem, avait été ornée de beaux édifices et illustrée par le séjour de plusieurs rois : c'était là qu'était le lieu où David faisait sa prière, où Salomon fut oint et couronné du diadème. La prison royale dans laquelle Jérémie fut détenu pour avoir prêché les malheurs de Sion, y était aussi, de même que les palais d'Anne et de Caïphe, et le Cénacle. C'est dans ce dernier endroit que Jésus-Christ fit la cène avec ses disciples; qu'il institua le saint sacrement de l'Eucharistie; qu'il se montra à eux après sa résurrection; qu'il leur donna le Saint-Esprit, et le pouvoir de lier et de délier les péchés des hommes; qu'il se montra, huit jours après, à saint Thomas, qui doutait de sa résurrection, et que le Saint-Esprit descendit sur les apôtres pendant qu'ils priaient. Le théâtre de tant de faits chers à la mémoire, et qui en conservait encore les premières marques, devait-il être abandonné et exposé aux ravages des temps et des infidèles?

La partie de la ville bâtie sur la colline nommée Acra, qui s'élève au nord de Sion et sur le mont Moria, s'appelait la ville basse. Le mont Moria, sur lequel le temple était construit, était séparé du mont Acra par une cavité que Simon fit combler en partie, en faisant aplanir le sommet d'Acra, pour qu'il ne dominât point sur le temple. Avant cette époque, Antiochus-Épiphanes y avait fait élever une forteresse pour contenir Jérusalem. Sa garnison se soutint contre les Juifs jusqu'au temps des Machabées.

La plupart des endroits par où notre divin Messie passa en allant de la maison de Pilate au Calvaire, se trouvaient sur les bords du mont Moria, et proche du mont Acra. Salomon, qui avait fait bâtir le temple en sept ans, voulut que sa maison royale en fût voisine. Il employa treize années à cet ouvrage, dont la magnificence répondait à celle du temple, qui était en face. Le seul monument qui semble aujourd'hui nous en indiquer la place, est le palais de Pilate, habité maintenant par le gouverneur turc. Au sortir de ce palais (qui a été le séjour des préteurs romains), pour se rendre au mont Calvaire, l'on trouvait l'arcade au haut de laquelle Pilate montra Jésus-Christ vêtu de pourpre et couronné d'épines. Plus loin est l'endroit où la Vierge rencontra Jésus-Christ qui succombait sous le poids de sa croix. Un homme juste, Simon de Cyrène, qui s'y trouvait, l'aida à la porter.

La fameuse tour *Antonia* se trouvait dans l'angle du temple qui regardait le nord-ouest. Assise sur un rocher, elle avait d'abord été construite par Hyrcan, fils d'Alexandre. Elle reçut de grands embellissements d'Hérode le Grand, qui lui fit porter ce nom pour complaire à Marc-Antoine le triumvir. Les deux Hérodes qui régnèrent dans cette ville y avaient chacun un palais : celui d'Hérode l'Ascalonite était le plus beau; il était assez éloigné du temple, et situé entre le nord et le couchant. Outre ce magnifique palais, ce prince avait fait construire des théâtres, des amphithéâtres et des colléges pour les différentes sectes des Pharisiens, des Sadducéens, des Scribes et des Cyrénéens.

Peu de villes ont éprouvé autant de révolutions que Jérusalem. Toujours destinée à lutter contre des ennemis formidables et contre l'idolâtrie, la cité sainte fut successivement envahie par les Assyriens, les Égyptiens et les Romains. Il est résulté de cet état de choses que peu de monuments purement hébreux ont résisté à tant de désastres, et que les monuments qui nous restent pour attester son ancienne splendeur appartiennent à l'architecture grecque et romaine du temps du paganisme et du christianisme.

Le mont Moria, sur lequel le temple et le palais de Salomon étaient bâtis, n'était d'abord qu'une colline irrégulière. Il avait fallu, pour étendre les dépendances du temple sur une surface égale et en soutenir les côtés qui formaient un carré, faire d'immenses constructions. Le côté oriental du mont Moria bordait la vallée de Cédron, dite communément de Josaphat. Le côté du midi, dominant sur un terrain très-enfoncé, était revêtu de bas en haut d'une forte maçonnerie; de sorte que, pour la communication du temple avec Sion, on avait été obligé de construire un pont. Le côté occidental regardait Acra, et du côté du nord, un fossé creusé séparait le temple d'avec la colline nommée Bézetha.

David avait dressé un autel sur le mont Moria, dans l'aire d'*Aréuna* ou *Ornan*, au-dessus de laquelle l'ange exterminateur s'était arrêté. Ce fut au même endroit que Salomon fit construire le temple, la quatrième année de son règne sur Israël, au mois de Zio, qui était le second mois *de l'année sacrée*, et quatre cent quatre-vingts ans après la sortie des Hébreux hors de l'Égypte. Ses fondations étaient extrêmement profondes, et capables de résister à toutes les injures du temps, et de soutenir, sans s'ébranler, la grande masse que l'on devait élever dessus.

Le beau temple de Salomon, détruit et pillé en partie par Nabuchodonosor six cents ans avant la naissance de Jésus-

Christ, ne fut réédifié qu'après les soixante-dix ans de la captivité, par Zorobabel, fils de Salathiel. Ce temple, construit sur le même lieu où Salomon avait élevé le sien, lui était de beaucoup inférieur en magnificence; mais Hérode l'Ascalonite, pour se concilier l'esprit de la nation juive, entreprit, la quinzième année de son règne, quarante-six ans avant la première Pâque, la réparation du temple. Il y employa onze mille ouvriers pendant neuf ans. Les travaux en furent si prodigieux, il y fit de si grandes augmentations, et y mit tant d'ornements, qu'il passait dans l'esprit des Romains mêmes pour une des merveilles du monde.

Ce temple, où, quarante jours après sa naissance, Jésus-Christ fut présenté; où, à douze ans, il enseigna les docteurs; où, pendant le cours de sa mission divine, le Fils de l'Homme chassa les vendeurs; où il remit les péchés à la femme adultère; où il proposa les paraboles du bon pasteur, des deux fils, des vignerons homicides et celle du banquet nuptial; et où, enfin, il entra au milieu des palmes et des branches d'oliviers, le jour de la fête des Rameaux, fut, comme on sait, détruit sous Titus.

Le quatrième quartier de la ville, appelé Bezetha, était un faubourg habité par le bas peuple. Dans la suite, il fut environné d'une simple muraille, par Agrippa, sous l'empire de Claude. Cette enceinte, qui n'avait pas été élevée à une hauteur suffisante pour la défense de la ville, fut achevée par les Juifs. Les sépulcres des rois étaient hors de ses murailles.

Près de la porte Saint-Étienne de Jérusalem moderne, se trouve la piscine que l'Évangile nomme *Probatique*, et que Josèphe appelle *Stagnum Salomonis*. Ce fut au bord de cette piscine, le seul monument qui nous soit resté de l'architecture primitive des Hébreux, et de la Jérusalem de David et de Salomon, que Jésus-Christ dit au paralytique : « Levez-vous et emportez votre lit. »

ENVIRONS DE JÉRUSALEM.

Au nord de Jérusalem et à peu de distance des sépulcres des rois, est la grotte de Jérémie, où ce prophète composa son livre *des Lamentations*. A l'ouest de la ville, et assez près de ses murs, était la piscine de Gihon. Ce réservoir, construit par Ézéchias, recevait ses eaux par des canaux souterrains.

Entre le couchant et le midi de Jérusalem, est la fameuse vallée de Raphaïm ou des Géants, dans laquelle David battit deux fois les Philistins. Il appela l'endroit où il s'empara de leurs idoles, *Baal-Pharasim*, c'est-à-dire la plaine des divisions. Un peu au-dessus de cette vallée, vers le nord, est *Haceldama*, c'est-à-dire le champ du sang, que les princes des prêtres achetèrent d'un potier pour la sépulture des étrangers, avec l'argent que Judas leur rendit, lorsqu'il reconnut qu'il était le prix du sang innocent. Ainsi fut accomplie cette parole du prophète Jérémie : « Ils ont reçu les trente pièces d'argent qui « étaient le prix de celui qui avait été vendu, et dont ils avaient « fait le marché avec les enfants d'Israël. »

La vallée qui est au midi de Jérusalem, et qui vraisemblablement fait partie de celle qui est à l'orient, est la vallée du fils d'*Ennom;* elle servait de limite entre les tribus de Benjamin et de Juda. Elle devint infâme quand les Hébreux, livrés aux excès de l'idolâtrie, adoptèrent la coutume barbare d'y faire passer leurs enfants par le feu en l'honneur de *Moloch*, Dieu des Ammonites. On l'appelait aussi *Topheth*, qui signifie une trompette, parce qu'ils sonnaient de cet instrument pour empêcher qu'on entendît les cris que jetaient les victimes livrées en sacrifice.

La fontaine de Siloé a sa naissance au pied du mont Sion, vers l'est de Jérusalem. Le réservoir dans lequel se déchargent les eaux de la fontaine est la piscine de Siloé, qui, suivant Néhémias, se trouvait le long du jardin du roi, jusqu'aux degrés par lesquels on descendait de la ville de David.

La vallée de Josaphat, placée au pied de la montagne des Oliviers, est célèbre par la prophétie de Joel, qui a annoncé que Dieu y jugera les hommes à la fin des siècles : « Que les « peuples viennent se rendre à la vallée de Josaphat; j'y serai « assis sur mon trône, pour y juger tous les peuples qui y « viendront de toutes parts. » Les tombeaux élevés dans cette vallée sont ceux d'Absalon, le sépulcre de Zacharie, celui de Josaphat, et enfin le sépulcre où se cacha l'apôtre saint Jacques.

A l'orient de Jérusalem se trouve la montagne des Oliviers, couronnée par quatre sommets rangés sur sa cime; tous ont été profanés par des autels dressés aux fausses divinités, que le pieux roi Josias fit détruire. On y adorait *Astaroth*, idole des Sidoniens, et *Chamos*, le scandale de Moab. Ce fut sur cette montagne que Jésus-Christ prédit le jour du jugement, qu'il pleura sur Jérusalem, qu'il annonça les malheurs dont cette cité était menacée, et qu'il abandonna la terre pour monter au ciel s'asseoir à la droite de son Père.

VOYAGES DE SAINT PAUL.

Jésus-Christ, après avoir rempli sa mission divine et accompli sur la croix le grand mystère de notre rédemption, quitta la terre. Ce fut du pied de cette croix, monument de notre régénération, que partirent les apôtres, tenant l'Évangile d'une main et le bâton pastoral de l'autre, pour aller porter aux hommes les enseignements de la vraie religion au moment où la vertu expirait dans l'univers.

La prédication de l'Évangile commença sous l'empire des Claude et des Néron. Après les conquêtes d'Alexandre le Grand, le luxe et la mollesse firent en Grèce de grands progrès. La corruption devint générale. Elle s'étendit jusqu'à Rome, qui en hérita de l'Égypte et de l'Orient. On sait en quelle réputation étaient Alexandrie et Antioche ; on sait combien étaient renommées pour leurs délices les villes de la molle Ionie.

Ce fut au milieu de cette corruption, autorisée par les cérémonies de Bacchus, de Vénus, d'Adonis et de Ganymède, que le christianisme prit naissance. A mesure que la révélation divine se propagea, le polythéisme tomba. Ainsi commença à s'établir, dans l'empire des Césars, et dans Rome même, alors qu'elle était le plus florissante, dans le siècle le plus éclairé qui fut jamais, et en même temps le plus dissolu, la simplicité des vertus et des doctrines évangéliques. La religion chrétienne ne pouvait mieux se montrer dans tout l'éclat de sa gloire, qu'en triomphant des deux dispositions humaines qui lui sont le plus opposées.

Les Israélites qui embrassèrent le christianisme, déjà instruits par les saintes Écritures et les traditions de leurs pères, se trouvèrent disposés à pratiquer dans sa perfection la morale que Jésus-Christ leur avait enseignée. Les Gentils, qui avaient vécu jusque là sans Dieu, et qui étaient accoutumés à se laisser conduire devant des idoles insensibles, ne furent appelés que plus tard à recevoir la foi. Saint Pierre ne revint de sa prévention contre eux qu'après la vision qu'il eut à Joppé : Dieu lui commanda d'aller à Césarée, pour y baptiser le centenier Corneille, le premier des Gentils qui reçut la grâce de l'Évangile.

Cet événement est postérieur de quatre à cinq ans à la conversion de saint Paul, qui fut nommé l'*apôtre des Gentils*. Saul, qui depuis fut appelé Paul, était Juif, de la tribu de Benjamin, né à Tarse, métropole de la Cilicie. Son père l'envoya jeune à Jérusalem, pour y être instruit dans la manière la plus parfaite d'observer la loi de Moïse. Il s'attacha à la secte des Pharisiens, la plus exacte et la plus sévère de toutes, mais aussi la plus superbe et la plus opposée à Jésus-Christ.

Saint Paul était âgé de trente-quatre ans quand il assista au martyre de saint Étienne, gardant les habits de ceux qui lapidaient ce saint diacre. Après ce début et pendant la grande persécution contre l'Église de Jérusalem, il se fit autoriser par les princes des prêtres à entrer dans les maisons pour en tirer les chrétiens et les faire traîner en prison. Sachant que plusieurs d'entre eux s'étaient enfuis à Damas, il obtint du grand-prêtre les ordres nécessaires pour les faire arrêter, et il partit ne respirant que le carnage : mais il fut terrassé sur la route par une voix miraculeuse; étant devenu aveugle, on l'emmena à Damas, où Ananie, disciple de Jésus-Christ, lui rendit la vue, et l'instruisit.

Après que saint Paul eut été baptisé, il demeura quelque temps avec les fidèles qui étaient à Damas, et plein de reconnaissance pour la grâce qu'il venait de recevoir, il se mit à prêcher au milieu des synagogues que Jésus était le Christ et le fils de Dieu. Ainsi, d'ennemi et de persécuteur de l'Église, il devint l'un de ses plus zélés défenseurs.

La célèbre ville de Damas, que le prophète Amos appelle une maison de délices, subsistait dès le temps d'Abraham ; Éliézer, intendant de ce patriarche, était de cette ville. David vainquit Adarezer, roi de Damas. Teglathalasser, roi d'Assyrie, la prit, la ruina et en emmena les habitants au delà de l'Euphrate. Elle fut aussi prise par Sennachérib, ainsi que par les généraux d'Alexandre le Grand. Metellus et Lælius s'en rendirent les maîtres, pendant que Pompée faisait la guerre à Tygranes. Arétas avait cette ville dans sa dépendance, et y tenait un gouverneur, lorsque l'apôtre des Gentils y fut poursuivi par les Juifs.

Saint Paul, de retour à Jérusalem, fut présenté aux apôtres par Barnabé. Il y séjourna pendant quelque temps avec eux, parlant avec force et liberté au nom de Jésus. Tandis que, par l'efficacité des prédications de saint Pierre, l'Église était en paix par toute la Judée, la Galilée et la Samarie, et qu'elle s'établissait dans la crainte de Dieu, saint Paul prit la route de Césarée de Philippe, traversa la Syrie, entra en Cilicie, et s'arrêta à *Tarse*, son pays natal.

La Cilicie était renfermée entre le mont Taurus au nord, et la mer Méditerranée au sud; elle avait les rochers de l'Isaurie à l'ouest, et le mont Amanus à l'est; elle se divisait en deux parties : la *Cilicia Trachæa* (ou la Cilicie montagneuse et escarpée), et la *Cilicia Campestris* (ou la Cilicie de plaines), dont *Tarsus* était la capitale.

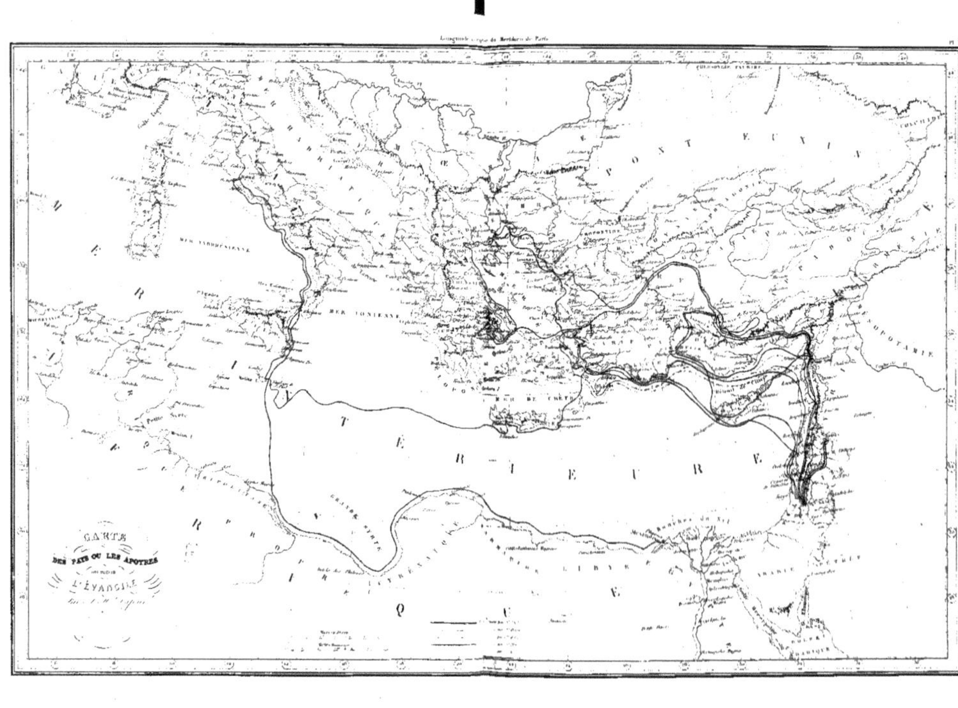

CARTE
DES PAYS OU LES APOTRES
L'ÉVANGILE
PONT EUXIN
MER TYRRHÉNIENNE
MER IONIENNE
MER DE CRÈTE
GRANDE SYRTE
Bouches du Nil
LIBYE
ARABIE
COLCHIDE

Suivant Josèphe, la ville de Tarse, aujourd'hui *Tarsous*, aurait porté dans l'antiquité la plus haute le nom de *Tharsia*, de Tharsis, petit-fils de Japheth. Dans la suite, elle fut soumise successivement aux rois d'Assyrie et aux successeurs d'Alexandre. Pompée la réunit à l'empire romain.

Tarse fut visitée par Alexandre le Grand, qui manqua d'y périr en prenant un bain dans le Cydnus. Elle prit aussi le nom de *Juliopolis*, en l'honneur de Jules-César, qui s'y arrêta quelque temps lors de son expédition contre Pharnace. Étant devenue successivement l'objet des faveurs d'Auguste et d'Adrien, Tarse fut la rivale d'Athènes, d'Antioche et d'Alexandrie, par ses richesses et sa magnificence, aussi bien que par la culture des lettres et des sciences.

Ce qui a mis le comble à la gloire de cette ville, c'est qu'elle a été la patrie de l'apôtre saint Paul, et une des premières cités de l'Asie-Mineure qui reçurent la lumière de l'Évangile.

Tarse, saccagée plusieurs fois depuis la chute de l'empire romain, conserve à peine quelques vestiges de son antique splendeur. La ville moderne n'occupe pas la quatrième partie de l'emplacement de l'ancienne. Un nombre infini de petits canaux tirés du Cydnus l'arrosent; mais le fleuve lui-même, qui, au temps de Cyrus et d'Alexandre, traversait la ville, en est aujourd'hui à plus de 400 mètres vers l'orient.

Les apôtres, apprenant que l'Évangile avait été prêché en Phénicie, en Cypre et à Antioche, par les fidèles qui avaient été dispersés après la persécution qui s'était élevée à la mort de saint Étienne, envoyèrent saint Barnabé dans la capitale de la Syrie. Celui-ci, qui sentait le besoin d'un associé tel que saint Paul pour seconder son zèle et y étendre davantage le règne de Jésus-Christ, qui commençait à s'y établir, alla prendre ce nouvel apôtre à Tarse, et l'amena à *Antioche*. Ils y demeurèrent un an. Ce fut durant cet espace de temps, pendant lequel ils instruisirent un grand nombre de personnes, que les fidèles commencèrent à être nommés chrétiens. Saint Pierre, qui se rendit aussi à Antioche, en fut le premier évêque. Il n'y résida pas toujours; car son zèle lui fit parcourir le Pont, la Cappadoce, d'où le prince des apôtres alla à Rome, afin de combattre l'erreur et l'idolâtrie jusque dans le lieu où elles dominaient avec plus d'empire.

La ville d'Antioche, *Antiochia*, a été fondée par Séleucus-Nicator, qui lui a donné le nom de son père Antiochus. Sa grandeur, sa magnificence, lui méritèrent le nom de reine de l'Orient. Antioche et Alexandrie, dit Gibbon, promenaient avec dédain leurs regards sur une multitude de cités soumises à leurs lois, et osèrent résister aux forces de Rome elle-même. Sous le règne de Théodose, et lorsque le christianisme fut devenu la religion de l'empire romain, Antioche reçut le titre de *Théopolis*, la cité de Dieu.

Antioche est dans une situation agréable, construite sur une éminence qui, des bords escarpés de l'Oronte, se prolonge jusqu'aux montagnes. Elle domine sur un territoire rempli de sites pittoresques et fertiles, couverts de plantations d'oliviers et de lauriers. Au sud-est et au sud, la ville et la vallée de l'Oronte sont bordées par une chaîne de hauteurs boisées, qui disparaissent auprès du pic noirâtre et orageux du mont Casius, d'où, s'il faut en croire Pline le naturaliste, on voyait en même temps le char du soleil se coucher d'un côté et reparaître de l'autre.

D'Antioche, saint Paul et saint Barnabé se rendirent à Séleucie, pour de là s'embarquer et passer en Cypre. Avant ce nouveau voyage, ils avaient été députés de la part des fidèles d'Antioche, pour porter leurs aumônes à Jérusalem. Après que Paul et Barnabé se furent acquittés de leur mission, ils revinrent dans la capitale de la Syrie, où le Saint-Esprit inspira aux disciples de les séparer pour l'ouvrage auquel il les avait destinés, c'est-à-dire pour l'apostolat, et ils leur imposèrent les mains.

Séleucie, *Seleucia Piera*, ville de la Syrie où les deux apôtres s'embarquèrent, était située sur le bord de la mer Méditerranée, au sud-ouest d'Antioche et près de l'embouchure du fleuve Oronte.

Cette ville fondée par Séleucus-Nicator, qui a aussi donné le nom de Séleucide à la contrée voisine, était, suivant Polybe, entourée de murs superbes, et décorée de temples et autres édifices magnifiques. Le faubourg s'étendait dans la plaine, vers l'embouchure de l'Oronte, et se trouvait placé entre la mer et la ville, dont on ne pouvait approcher qu'au moyen de marches taillées dans le rocher.

L'île de Cypre, *Cyprus insula*, où Paul et Barnabé abordèrent, est située dans la mer Méditerranée.

Selon Ptolémée, cette île avait la mer de Pamphylie au couchant, la mer d'Égypte au midi, la mer de Syrie au levant, et le détroit de Cilicie, *Aulon Cilicius*, au nord.

L'île de Cypre, célèbre dans l'antiquité par le culte particulier qui la consacra à Vénus, est coupée de l'ouest à l'est par une chaîne de montagnes qui se termine par un long promontoire appelé cap Saint-André, anciennement *Dinaretum Promontorium*. Le pic le plus élevé de l'île est le *mons Olympus*, aujourd'hui Sainte-Croix. Son sol est naturellement fertile; et, malgré le peu de terres cultivées, les marchands francs de Larnaca, anciennement *Citium*, en exportent en Europe une grande quantité d'excellent froment.

Les parties de l'île les plus fertiles comme les plus agréables sont situées dans le voisinage de *Baffo*, l'ancienne *Paphos*, où, suivant la fable, aborda Vénus, portée par les vagues. Dans cet endroit se trouvent des forêts de chênes, de hêtres, de pins, et des bosquets d'oliviers consacrés autrefois au dieu de l'amour. Cypre est fameuse par la délicatesse de ses fruits, par son huile d'olives et par la saveur de ses vins.

Des tyrans particuliers furent les premiers souverains de Cypre; les rois d'Égypte y établirent ensuite leur autorité; à ceux-ci succédèrent les Romains; et, enfin, elle passa aux empereurs grecs. Ammien-Marcellin dit que les villes de *Salamis* et de *Paphos* rendaient cette île illustre. Ces villes sont les seules qui soient nommées dans les Actes des Apôtres.

La ville de Paphos, où saint Paul rendit aveugle un Juif faux prophète, nommé *Bar-Jésu*, et où il fit embrasser la foi au proconsul Sergius-Paulus, était située à l'ouest de l'île, au fond d'une petite anse terminée par le promontoire *Zephyrium*.

Après la conversion du proconsul Sergius Paulus, les deux apôtres passèrent à *Perge*, en Pamphylie.

Perge, *Perga*, ville de l'Asie-Mineure, dans la Pamphylie, au nord-ouest de l'île de Cypre, était un peu avancée dans les terres, sur les bords du fleuve Cestrus.

Les deux apôtres, étant partis de Perge sans s'y arrêter, vinrent à *Antioche de Pisidie*.

Ak-Cheher répond à la position de Tymbrium, que visita le jeune Cyrus, et qui, selon Xénophon, est à dix parasanges de Tyriœum. Sa situation sur les confins de la Pisidie, dont elle devint la métropole, lui fit donner le nom d'*Antiochia ad Pisidiam*. La ville moderne, qui renferme environ quinze cents maisons, est située au pied d'une chaîne de montagnes, qui forme la limite entre la Phrygie, l'Isaurie et la Pisidie; d'innombrables torrents qui en descendent lavent les rues de la ville; on y ressent pendant tout l'hiver un vent glacial.

Ce fut dans Antioche de Pisidie, qu'après une exhortation de saint Paul, un jour du sabbat, une grande multitude de Gentils embrassèrent la foi. Quant aux Juifs, ils animèrent les principaux de la ville, et excitèrent une persécution contre Paul et Barnabé. Ces deux apôtres secouèrent sur eux la poussière de leurs pieds, et partirent pour *Icone*.

Iconium, ou Icone, était la capitale de la Lycaonie. Xénophon, Cicéron et Strabon en font mention. Pline en parle comme d'une cité célèbre. Cette ville, sous le nom moderne de *Konieh*, fait partie des états du sultan des Turcs, depuis le règne de Bayazyd, qui détruisit entièrement les émirs de Caramanie.

Par suite des exhortations de saint Paul, une partie des habitants d'Iconium embrassa le christianisme; ce qui n'empêcha pas toutefois les Gentils et les Juifs, avec leurs principaux chefs, d'outrager les apôtres et de chercher à les lapider. Paul et Barnabé se réfugièrent à Lystre, *Lystra*, et à Derbe, villes de l'Isaurie, et au pays d'alentour, où ils prêchèrent l'Évangile.

Ces deux villes étaient au sud d'Iconium; la première au nord-est de la seconde. Saint Paul guérit à Lystre un homme perclus de ses jambes depuis sa naissance. Ce miracle fit regarder les apôtres comme des dieux qui étaient descendus vers eux sous la forme d'hommes, et l'erreur alla même si loin, qu'ils appelèrent Barnabé *Jupiter*, et Paul *Mercure*, parce que c'était lui qui portait la parole. La scène changea quand quelques Juifs d'Antioche et d'Icone étant survenus, ils gagnèrent le peuple, lapidèrent Paul, et l'ayant laissé pour mort, ils le traînèrent hors de la ville. Ses disciples se proposaient de l'ensevelir, lorsqu'il se leva plein de vie et de force, et partit avec Barnabé pour se rendre à *Derbe*.

Les deux apôtres, après avoir annoncé l'Évangile dans cette dernière ville, retournèrent à Lystre, à Icone, à Antioche et à Perge, pour confirmer de nouveau les habitants dans la foi. De Perge, ils descendirent à Attalie, *Attalia*.

Cette cité, où les apôtres s'embarquèrent pour Antioche de Syrie, était un port de mer de la Pamphylie, construit par Attale Philadelphe, qui fut aussi le fondateur d'une colonie voisine dans la petite ville de Corycus. Strabon ne nous laisse aucun doute sur la position d'Attalia, qu'il place au delà du fleuve Cataractes, sur la côte orientale du golfe de Pamphylie, après Olbia.

Saint Paul et saint Barnabé, de retour à Antioche, rendirent compte des progrès que l'Évangile avait faits durant le cours de leur mission. Après être demeurés assez longtemps dans cette ville avec les disciples de Jésus-Christ, les apôtres se rendirent à Jérusalem, pour assister au concile sur les observances légales. Jude, surnommé Barsabas, et Silas, furent envoyés conjointement avec Paul et Barnabé, pour porter la décision du concile aux fidèles d'Antioche.

C'est dans cette dernière ville que saint Paul et saint Barnabé se séparèrent. Barnabé s'associa Jean, surnommé Marc, et s'embarqua pour retourner dans l'île de Cypre. Paul, ayant choisi Silas, quitta Antioche, traversa la Cilicie, arriva de nouveau à Derbe, et ensuite à Lystre, où il rencontra un disciple nommé Timothée, qu'il s'attacha.

Après que les apôtres eurent traversé la Phrygie et la Galatie, le Saint-Esprit leur défendit d'annoncer davantage la parole de Dieu dans l'Asie. Étant venus en Mysie, ils voulurent passer en Bithynie; mais l'Esprit de Dieu ne le leur permit pas. Ils traversèrent donc la Mysie, et descendirent dans la *Troade*.

La Troade était divisée en deux parties : la partie maritime nommée *Hellespontique*, et la partie intérieure, nommée *Épictète*, ou ajoutée. La première, qui avait emprunté son nom de l'Hellespont, aujourd'hui *le canal des Dardanelles*, s'étendait le long du rivage, depuis la ville de Percote jusqu'au promontoire de Lectum, aujourd'hui *Baba-Bouroun*, en face la côte nord-ouest de l'île de Lesbos.

La seconde, ou l'Épictète, était la partie de la Phrygie-Mineure qui s'avançait dans les terres; elle était bornée au nord par l'Hellespont et une partie de la Propontide, aujourd'hui *mer de Marmara;* à l'est, par la Mysie-Mineure; au sud-ouest, par la mer Égée.

Ce fut de la Troade que saint Paul s'embarqua pour *Naples* de Macédoine.

L'île de Samothrace, aujourd'hui *Semendrek*, où l'apôtre relâcha avant d'arriver à Naples, est située au bord de la mer Égée, presque vis-à-vis de l'embouchure de l'Hébrus, aujourd'hui *Maritza.* Cette île était devenue célèbre par le culte des dieux Cabères ou Cabires, aux mystères desquels tous les héros de l'antiquité s'étaient fait initier.

Naples ou Néapolis, aujourd'hui *la Cavale*, dans laquelle saint Paul débarqua, est située à 124 kilomètres est-nord-est de Salonique, sur le bord septentrional du golfe de son nom. La ville moderne est ceinte de murs en mauvais état, et est défendue par un fort situé sur un rocher. On y remarque la vaste place du marché, et un aqueduc qui amène l'eau des montagnes voisines.

La ville de Philippes, *Philippi*, où l'apôtre des Gentils s'arrêta quelques jours, est située à 16 kilomètres nord-ouest de Néapolis, dans une plaine arrosée par plusieurs petites rivières qui se jettent dans l'*Anghista.* Ce fut auprès de l'une d'elles que saint Paul baptisa plusieurs femmes, entre autres une nommée Lydie, de la ville de Thyatire, marchande de pourpre. La délivrance d'une esclave énergumène, dont les devinations prétendues rapportaient beaucoup de profit à ses maîtres, lui attira une grande persécution. Paul et Silas, accusés devant les magistrats de vouloir introduire des lois contraires à celles existantes, furent condamnés à recevoir publiquement plusieurs coups de verges et à être traînés en prison.

Le premier nom de la ville de Philippes, témoin des miracles de saint Paul, était Crenides. Philippe, père d'Alexandre, s'en étant emparé, la fortifia et lui donna son nom. C'est près de là que se livra la fameuse bataille où Cassius et Brutus perdirent la vie (1).

Les apôtres ne profitèrent de leur délivrance que pour recommencer à annoncer l'Évangile à *Amphipolis*, à *Apollonie* et à *Thessalonique.*

Le village de Ienikeui, situé sur la rive orientale du Strymon, immédiatement après sa sortie du lac Cercine, occupe une faible partie de l'ancienne ville d'*Amphipolis*, fondée trente ans après la défaite des Perses en Grèce, sur l'emplacement d'un lieu nommé *Novem Viæ*, ou les neuf chemins.

(1) L'*Itinerarium à Burdigala Hierusalem* compte dix milles de distance de Néapolis à Philippi : et l'*Antonii Augusti Itinerarium* en compte 12. Appien, liv. IV, *De la Guerre civile*, dit que Brutus et Cassius campèrent sur les collines, à 18 stades de Philippi. Or, ce camp était à 70 stades de Néapolis, distance qui répond à peu de chose près au nombre des dix et douze milles des itinéraires. Ce rapport entre les mesures anciennes ne laisse plus aucun doute sur l'emplacement de la ville où se donna la dernière bataille livrée pour la cause de la liberté romaine.

Dans les beaux jours des Athéniens, cette ville leur parut, par sa situation, propre à en imposer aux Macédoniens; en conséquence, Miltiade y conduisit une colonie. Philippe, roi de Macédoine et père d'Alexandre, sentant l'importance de cette place, enleva Amphipolis aux Athéniens, et permit aux habitants de vivre en république. Brasidas, général lacédémonien, s'en rendit le maître. Les Athéniens, qui s'y étaient établis, se retirèrent. Philippe s'en empara de nouveau, et se la fit céder par un traité de paix.

La ville d'Apollonie, *Apollonia*, dont il est parlé dans les Actes des Apôtres, était située dans la Chalcidice, sur la rive orientale du Chabrius, aujourd'hui la rivière d'*Ouroumilia.* Démosthène, dans une de ses harangues, reproche à Philippe de l'avoir détruite d'une façon si barbare, qu'à la voir on douterait qu'elle eût jamais existé.

D'Apollonie, les apôtres vinrent à *Thessalonique.*

A quelques milles de Salonique, anciennement *Thessalonica*, se trouvent des sources d'eau chaude. Ce sont probablement ces sources qui firent donner à Thessalonique le nom de *Therma*, et au golfe celui de *Thermaïque;* on l'appelle aujourd'hui golfe de Salonique. La ville est située à l'extrémité nord-est du golfe. Salonique est bornée au nord-est par une belle plaine, au nord-ouest par quelques montagnes, et au sud-ouest par une autre plaine, qui s'étend à perte de vue du côté du midi jusqu'au mont Olympe, actuellement *Olymbos* ou *Elymbos.*

Les environs de Salonique sont célèbres dans l'histoire ancienne. La contrée où s'élève la ville fondée par Cassandre, et qu'il nomma Thessalonique, du nom de sa femme (sœur d'Alexandre le Grand), s'appelait Amphaxitis; elle est arrosée par la rivière Échédorus, aujourd'hui rivière Gallico. Entre cette rivière et l'Axius, aujourd'hui *Vardar*, s'étendait la contrée appelée Mygdonia, et à l'est de l'Axius s'élevait *Pella*, capitale de la *Bottiæa.* C'est là que naquit Alexandre, et que les rois de Macédoine établirent leur résidence depuis Philippe jusqu'à Persée.

L'apôtre des Gentils ayant prêché durant trois jours dans Thessalonique, beaucoup de Grecs se convertirent, et se joignirent à lui et à Silas. Mais les Juifs, poussés par un faux zèle, ameutèrent la lie du peuple, et voulurent enlever les apôtres de la maison de Jason, où ils étaient logés. Ce dernier, ayant répondu de ses illustres hôtes, les conduisit hors de la ville, d'où ils se dirigèrent vers *Berée.*

La moderne Berée, *Berœa*, que les Grecs nomment *Veria* et les Turcs *Caraveria* ou *Carapheria*, devrait sa fondation, suivant la mythologie, à Béroé, fille de Macédon. Selon Strabon, elle était située au pied du mont Bermius. Ptolémée et Thucydide en font mention. Ces titres, ces illustrations ont disparu; mais le souvenir des premiers Gentils de Berée, qui reçurent la parole de Dieu avec beaucoup d'affection et d'ardeur, subsiste encore. Quand les Juifs de Thessalonique surent que saint Paul instruisait avec succès les habitants de

Berée dans la véritable religion, ils y vinrent émouvoir et troubler le peuple. Pour cette fois, leur infâme projet se trouva déçu, car les nouveaux prosélytes se hâtèrent de faire sortir saint Paul, pour le conduire jusqu'à la mer, où il s'embarqua pour *Athènes*. Silas et Timothée demeurèrent à Berée.

A Athènes, saint Paul fit entendre sa voix au milieu de l'Aréopage. L'apôtre des Gentils y prononça ces paroles admirables : « Athéniens, il me semble qu'en toutes choses vous « êtes religieux ; car, ayant regardé en passant les statues de « vos dieux, j'ai trouvé un autel sur lequel il est écrit : *Au Dieu inconnu*. C'est ce Dieu que vous adorez sans le con- « naître que je vous annonce. Dieu qui a fait le monde et « tout ce qui est dans le monde, étant le Seigneur du ciel « et de la terre, n'habite point dans les temples bâtis par les « hommes. Il n'est point honoré par les ouvrages de la main « des hommes, comme s'il avait besoin de ses créatures, lui « qui donne à tous la vie, la respiration et toutes choses. Il « a fait naître d'un seul homme toute la race des hommes, « et il leur a donné pour demeure toute l'étendue de la terre, « ayant marqué l'ordre des saisons et les bornes de l'habita- « tion de chaque peuple. »

Après que plusieurs Athéniens, parmi lesquels fut Denys, sénateur de l'Aréopage, et une femme nommée Damaris, eurent embrassé la foi, Paul se rendit à *Corinthe*, où un Juif nommé Aquila, originaire du Pont, se joignit à lui.

La superbe Corinthe, *Corinthus*, surnommée par Homère l'*Opulente*, et où les chefs-d'œuvre des arts, la navigation et le commerce attiraient un concours immense de tous les peuples, n'est plus, sous le nom moderne de *Cortho*, qu'une médiocre ville de trois cent soixante-dix-sept maisons disséminées par groupes au milieu des champs labourés, et sur le chemin qui conduit à la citadelle, autrefois l'*Acro-Corinthus*. Quelques pins et des cyprès épars à la base occidentale de la citadelle, autrefois sous la protection des deux divinités de la Force et de la Nécessité, sont les seuls restes du bois Cranaé consacré à Bellérophon et à Vénus Mélanie, qui y avait un temple.

Le *Dieu inconnu* qui foudroya l'idolâtrie des Athéniens, bénissait les paroles de son apôtre, et les rendait efficaces dans le cœur de tous ceux qui eurent le bonheur de le voir et de l'entendre. Après être demeuré dix-huit mois à Corinthe et avoir instruit dans la foi Tite-Juste et Crispe, saint Paul fut déféré devant Gallion, proconsul d'Achaïe, qui ne voulut rien décider touchant les accusations que les Juifs intentaient contre lui.

Les Corinthiens avaient deux ports, ceux du Léché et de Cenchrées : ce fut dans ce dernier, éloigné de la ville, selon Strabon, de soixante-dix stades, que saint Paul se rendit, pour de là passer en Syrie avec Priscille et Aquilas ; mais, avant de s'embarquer, il se fit couper les cheveux, pour commencer un vœu qu'il avait fait ; puis, ayant eu un vent favorable, il aborda à Éphèse, dans l'Ionie.

Éphèse, qui fut la ville la plus célèbre de l'Asie, était située à quelque distance de la mer Égée et de l'embouchure du fleuve Caystrus, appelé par les Turcs *Kutchuk Meinder* ou le petit Méandre. Éphèse existait avant l'arrivée des Grecs en Asie ; mais elle changea plus d'une fois de place avant d'être parvenue au point d'accroissement où on la vit depuis. Après que Crésus l'eut détruite, elle fut rebâtie plus près du temple de Diane, où elle subsista jusqu'au temps où Lysimachus, l'un des généraux d'Alexandre, la transporta près du mont Corissus, dont une partie fut comprise dans ses murs. La citadelle était sur une montagne. Un aqueduc superbe, construit en marbre blanc, portait des eaux dans Éphèse. Le théâtre, qui était très-beau, se trouvait entre la ville et le temple de Diane. Ce temple, l'une des merveilles du monde, fut brûlé par Érostrate, la même nuit que naquit Alexandre. Cent vingt-sept rois coopérèrent à sa construction, qui dura deux cent vingt ans. Après l'incendie, les Éphésiens s'empressèrent de rétablir leur temple, et répondirent avec beaucoup de politesse à Alexandre, qui leur proposait d'en payer les frais à condition qu'on y placerait son nom, *qu'il ne convenait pas à un dieu de dresser des temples à d'autres divinités.*

On voit encore dans l'emplacement de cette ville superbe, à laquelle l'Asie entière donnait le premier rang, des fragments d'édifices qui attestent son ancienne splendeur. Ils sont à peu de distance du village d'*Aïasalouk*, situé dans le *Sandjak d'Aïdin.*

Saint Paul, après avoir pris congé de Priscille et d'Aquilas, s'embarqua pour Césarée de Palestine, pour de là se rendre à Jérusalem. Ce voyage de piété étant terminé, il retourna à Antioche, où il séjourna quelque temps. Il en partit ensuite pour visiter de nouveau toutes les villes de la Galatie et de la Phrygie, afin d'y fortifier tous les prosélytes de la foi chrétienne.

Tandis qu'Apollon, originaire d'Alexandrie, homme éloquent et fort habile dans la connaissance des saintes Écritures, fortifiait l'Église naissante de Corinthe, saint Paul, de retour des hautes provinces de l'Asie-Mineure, revint à

Éphèse, où il baptisa et imposa les mains à plusieurs disciples. Au milieu des miracles que Dieu se plaisait à manifester par l'organe de son apôtre, la voie du Seigneur fut traversée par de nouveaux troubles, que suscita un nommé Démétrius, ce qui contraignit saint Paul de quitter la ville.

Après avoir exhorté les disciples d'Éphèse, saint Paul se rendit de nouveau en Macédoine et en Grèce. Il y demeura trois mois. Il avait résolu de retourner en Macédoine, à cause que les Juifs lui avaient dressé des embûches sur le chemin qu'il devait prendre pour aller par mer en Syrie. Il fut accompagné dans ce voyage par Sopatre, fils de Pyrrhus de Berée; par Aristarque et par Second, de Thessalonique; par Gaïus de Derbe, par Timothée, par Tychique et par Trophime, qui étaient de l'Asie. Tous s'embarquèrent avec l'apôtre à Néapolis, pour de là se rendre dans l'Asie-Mineure.

Étant arrivés à Alexandria-Troas, ville de la Troade, et ces disciples s'étant assemblés le premier jour de la semaine pour rompre le pain eucharistique, saint Paul, qui devait partir le lendemain, leur fit un discours qui dura jusqu'à minuit. Tandis qu'il prêchait, un jeune homme nommé Eutyque tomba d'un troisième étage, et se tua. Il fut à l'instant présenté à saint Paul, qui lui rendit la vie.

Alexandria-Troas était une des dix-huit villes qu'Alexandre le Grand avait fait élever pendant le cours de sa marche victorieuse. Commencée par Antigonus, elle reçut d'abord le nom d'Antigonia; mais Lysimachus, à qui elle échut en partage, lui rendit le nom du héros qui l'avait fondée. Dans la guerre contre Antiochus, elle se signala par sa fidélité pour les Romains, qui, en récompense, lui conférèrent les mêmes priviléges qu'aux villes d'Italie. Auguste y envoya une colonie romaine.

Elle était bâtie sur une montagne qui s'abaisse vers la mer. Son port, d'une forme demi-circulaire, est presque entièrement détruit, et comblé en partie par un banc de sable. Les habitants d'Alexandria, adonnés au culte grossier du vieux Silène, le nourricier de Bacchus, se convertirent de bonne heure au christianisme.

Les Turcs appellent aujourd'hui cette ville ruinée, *Eski-Istamboul*, la vieille Constantinople, apparemment comme la jugeant digne, par ses beaux restes, d'avoir été l'ancienne capitale de leur empire.

D'Alexandria, l'apôtre, continuant son voyage, arriva à *Assus*, ville de la Mysie, que la table de Peutinger indique à 19 milles d'Alexandria. On trouve encore les ruines de cette ville maritime, où saint Paul s'embarqua pour passer à Mytilène, dans l'île de Lesbos, à 24 kilomètres à l'est du promontoire Lectum, aujourd'hui *Baba Bouroun*.

Mytilène était située dans la partie sud-est de l'île, au nord-nord-est du promontoire Malea, aujourd'hui *Zeïtoun-Bouroun*. Le souvenir de Mytilène, aujourd'hui Metelin, ne rappelle que des vers, de la gloire et de l'amour.

De l'île de Lesbos, le vaisseau qui portait l'apôtre des Gentils et ses disciples ne fit que mouiller à Chios, aujourd'hui *Sakez-Adassi*, éloignée de l'île de Metelin d'environ 400 stades ou 56 kilomètres. Il passa aussi rapidement à Samos, actuellement *Sousam-Adassi*, située sur la côte de l'Asie-Mineure, dont elle est séparée par le détroit de Mycale, aujourd'hui *petit Boghaz*.

Suivant la mythologie, Junon à la ceinture d'or, fille de Saturne et de Rhée, naquit à Samos, sur les bords du fleuve Imbrasus, et à l'ombre d'un de ces arbres nommés *Agnus-Castus*. On montra longtemps cet arbre précieux dans le temple de la déesse, l'un des premiers monuments de la Grèce.

Bien que saint Paul ne s'arrêta dans aucune de ces îles, la foi s'y répandit de bonne heure. L'apôtre, ne voulant point prendre terre à Éphèse, craignant d'être obligé de s'y arrêter, et ayant dessein de se rendre à Jérusalem pour le jour de la Pentecôte, débarqua à Milet, ville de la Carie, où il fit venir les prêtres d'Éphèse.

Miletus, ami de Sarpédon, frère de Minos et de Rhadamanthe, conduisit une colonie de Crétois en Asie, et donna son nom à la ville, qui, avant son arrivée, portait celui d'*Anactoria*. Antérieurement, elle était appelée *Pityussa*, et plus anciennement *Lélégis*. Suivant Strabon, Milet avait quatre ports, dont l'un pouvait contenir une flotte entière. Aujourd'hui le fleuve Méandre, en turc *Buïuk Meinder*, a tellement comblé l'ancien golfe Latmus, auprès duquel cette célèbre ville de l'Asie était située, qu'elle se trouve actuellement à plus de 8 kilomètres dans les terres. Un lieu nommé *Palatcha* répond à sa position.

Saint Paul, après avoir conseillé les principaux d'Éphèse sur la manière de consolider leur Église naissante, et après leur avoir rappelé ces paroles de Jésus-Christ : qu'il y a plus de bonheur à donner qu'à recevoir, quitta Milet, et fit route, en tirant au midi, vers l'île de *Cos*, l'une des plus remarquables entre les Sporades. Son nom moderne est *Stan-Co*.

La ville de Cos, située dans la partie nord-est de l'île qui regarde les côtes de l'Asie, se nommait plus anciennement *Astypalæa*. Elle devint célèbre par le temple d'Esculape.

L'île de Cos, qui, au dire de Strabon, avait environ 550 stades de tour, ou environ 88 kilomètres, n'était pas moins vantée pour ses excellents fruits que pour la beauté de la teinture de ses étoffes de laine, qui étaient d'une grande finesse.

Saint Paul aborda le jour suivant à *Rhodes*, la principale île des Sporades. La ville des Rhodiens, située sur le cap oriental de l'île de Rhodes, fut bâtie à l'époque de la guerre du Péloponèse, par l'architecte Hippodame, de Milet, le même qui construisit le Pirée, port d'Athènes. Elle surpassait les autres villes de la Grèce par ses ports, ses rues, ses murs et ses édifices. Le colosse du Soleil, l'un des monuments les plus remarquables de l'antiquité, et l'une des sept merveilles du monde, avait été fait en cuivre par un nommé Charès, de

Lindus. Renversé par un tremblement de terre, il resta couché par terre : un oracle avait défendu aux Rhodiens de le relever. Moaviat, lieutenant d'Othman, s'étant emparé de Rhodes, détruisit cette statue colossale, qu'il vendit à un riche Juif, qui en retira le poids de 3,320,800 hectogrammes, dont il chargea 900 chameaux, 932 ans après son érection.

Le port de Rhodes est, de nos jours, comblé en grande partie; néanmoins le gouvernement ottoman y a des chantiers pour la construction de vaisseaux de guerre, dont le bois vient surtout des belles et vastes forêts de la Caramanie, celui qui croît dans l'île étant presque entièrement épuisé.

L'île de Rhodes, dont Homère a dit « qu'elle était chérie de Jupiter, le maître des dieux et des hommes, qui versa sur elle des richesses immenses, » est située très-près des côtes de la Carie, dans l'Asie-Mineure. On n'y sent point la rigueur des hivers; les chaleurs de l'été y sont tempérées par la multitude des fontaines; les fruits y sont abondants, sains et rafraîchissants. La ville moderne de Rhodes, bâtie sur les ruines de l'ancienne, n'occupe pas le quart de son étendue.

Les Rhodiens, de même que les habitants de Cos, étaient Doriens d'origine. Dans l'antiquité la plus reculée, l'île de Rhodes porta les noms d'*Ophiussa*, de *Stadia* et de *Telchinis*, des *Telchines* qui l'habitèrent. Après ces derniers, elle fut, suivant une tradition fabuleuse, occupée par les Héliades, c'est-à-dire enfants du Soleil. Dans la suite, les Rhodiens durent l'état florissant de leur république à la bonté de leurs lois et à la sagesse de leur gouvernement.

Alexandre le Grand, qui regardait Rhodes comme la première ville de l'univers, la choisit pour y déposer son testament. Elle jouissait des fruits heureux de sa sagesse, lorsqu'Antigone lui déclara la guerre, et envoya son fils Démétrius, qui ne put la soumettre. Mithridate, qui balança longtemps la fortune des Romains, vint échouer devant elle. C. Cassius la prit pendant la guerre civile, et la dépouilla d'une partie de ses trésors. Sous Constantin, elle demeura dans le partage d'Orient. La deuxième année du règne de Constans, Moaviat ou Mauhias, lieutenant d'Othman, s'en rendit maître. Dans la suite, les empereurs grecs en chassèrent les infidèles, et la gardèrent jusqu'au temps où Baudouin, devenu souverain de Constantinople, y envoya un préfet. Quelque temps après, Jean Ducas en fit la conquête. Les braves chevaliers de Saint-Jean, conduits par leur grand-maître Foulques de Villaret, l'attaquèrent et la prirent. Mahomet Second, la terreur de la chrétienté, vint échouer devant cette place défendue par un petit nombre de héros. Enfin, en 1522, le redoutable Soliman, après un siége des plus meurtriers, n'entra dans la ville qu'à travers des ruisseaux de sang. Il n'y trouva que des monceaux de ruines et un petit nombre de chevaliers couverts de blessures. A leur tête paraissait Villiers de l'Isle-Adam, vieillard et héros célèbre.

De l'île de Rhodes, saint Paul se rendit à Patare, *Patara*, en Lycie. Cette ville était située à l'embouchure du Xante et à l'est du mont Cragus, aujourd'hui *Iedi-Bouroun*, nom qui signifie les Sept Caps. Cette masse de montagnes hautes et âpres était, selon la Mythologie, le séjour de la Chimère, monstre composé de la tête d'un lion, du corps d'une chèvre et de la queue d'un dragon, qui désola longtemps la Lycie, jusqu'à ce que Bellérophon l'eut exterminée.

Patara, jadis célèbre par son oracle d'Apollon, fut fondée par Patarus, qui passait pour un des fils de Phœbus. Son ancien port, dont Strabon et Tite-Live font mention, n'est plus aujourd'hui qu'un marais comblé par les sables et rempli de buissons. La communication avec la mer est interceptée par une plage droite qui ne présente aucune ouverture. Patara est inhabitée. On n'y rencontre, au milieu de plusieurs vestiges de son ancienne grandeur, qu'un petit nombre de paysans, qui prennent soin du bétail qui erre dans la plaine.

Saint Paul trouva à Patare un vaisseau qui fit voile pour la Phénicie. Il aborda à Tyr, où il resta sept jours avec les disciples de cette ville. De là il se rendit par mer à Ptolémaïde, terme de sa navigation. Il en partit le lendemain pour Césarée, où il logea chez Philippe l'Évangéliste, l'un des sept diacres. Pendant le séjour qu'il y fit, le prophète Agabus lui annonça le dessein que les Juifs avaient conçu de l'arrêter et de le livrer aux Gentils; mais rien ne pouvait abattre celui que Dieu soutenait, et qu'il destinait à souffrir la mort même pour la gloire de son nom.

De retour à Jérusalem, le bruit des conversions que saint Paul avait opérées et du commerce qu'il avait avec les Gentils, pour les gagner à Dieu, était parvenu jusque dans le temple, où il alla faire sa prière. Les Juifs crurent qu'il profanait le lieu saint, et le peuple mutiné voulut le tuer; mais le tribun Claude Lysias, qui commandait la cohorte romaine, le tira des mains des séditieux, et le fit enfermer dans la tour Antonia. Le lendemain, conduit dans le conseil où siégeait Ananie, grand-prêtre, l'apôtre parla avec beaucoup de force; et, comme les Juifs cherchaient encore à le faire mourir, le tribun le fit remettre secrètement entre les mains du gouverneur Félix, qui avait sa résidence à Césarée. Après être resté deux ans prisonnier dans le palais d'Hérode, Porcius Festus, successeur de Félix, ayant repris la cause, saint Paul en appela au tribunal de César. En partant, il laissa ses juges, parmi lesquels se trouvaient Agrippa et Bérénice, persuadés de son innocence et indignés contre ses ennemis.

Quand il eut été résolu que saint Paul irait par mer en Italie, et qu'on le mettrait avec d'autres prisonniers entre les mains d'un nommé Jule, centenier dans une cohorte de la légion appelée Auguste, l'on fit monter l'apôtre sur un vaisseau d'Adramyte, *Adramyttium* (ville située dans la Mysie, au fond d'un golfe, en face de l'île de Lesbos), pour côtoyer les côtes de l'Asie-Mineure, en attendant qu'on trouvât sur cette route quelque autre bâtiment qui dût aller directement à Rome. Le lendemain de l'embarquement, on relâcha à Sidon; et Jule, traitant saint Paul avec humanité, lui permit d'aller à terre voir les chrétiens de cette ville. Étant partis de Sidon, le navire prit route au-dessous de Cypre, et après avoir traversé la mer de Cilicie et de Pamphylie, il vint aborder à Lystre de Lycie, où le centenier ayant trouvé un vaisseau d'Alexandrie qui faisait voile pour l'Italie, on y transféra les prisonniers. Le vent étant devenu contraire, le vaisseau relâcha avec beaucoup de difficultés à Cnide, située entre l'île de Cos et celle de Rhodes.

La ville de Cnide, *Cnidus*, était située à l'extrémité d'une presqu'île appelée Doris. Longtemps célèbre par le culte de Vénus, elle possédait plusieurs temples dédiés à cette déesse. Le plus remarquable était celui que les Cnidiens nommaient Vénus *Euplœa*. La statue de la déesse qui immortalisa la ville avait été faite par Praxitèle. Mais un titre bien plus glorieux pour les Cnidiens, c'est d'avoir reçu la foi.

De Cnide, le vaisseau qui portait l'apôtre des Gentils, après avoir côtoyé l'île de Crète vers le promontoire Sammonium, aujourd'hui *cap Salomone*, aborda à un lieu nommé Bonsports, *Boni Porti*, près duquel était la ville de Thalassus.

Bonsports, qui correspond dans la géographie moderne au golfe de *Caroube* ou *Carumes*, situé dans la partie orientale de l'île de Crète, n'était pas un lieu sûr pour hiverner, et, le vent ayant changé, le pilote dirigea sa route vers le port Phœnix, aujourd'hui *Sphakie*, situé dans la partie méridionale de la même île. Mais un vent impétueux étant survenu, le navire fut poussé au-dessous d'une petite île appelée Gaudos.

L'île Gaudos selon Strabon, et Gaulos suivant Pomponius-Méla et Pline, située au sud de l'île de Crète, n'avait aucun port, et la tempête était devenue si violente, que l'on fut obligé de jeter dans la mer les marchandises et les agrès du navire; mais saint Paul fut averti par un ange que personne de l'équipage ne périrait, quoique le navire dût échouer sur les côtes de l'île de Melita, où la tourmente les jeta.

Ce fut dans l'île Melita ou Melite, actuellement *Malte*, située dans la mer Méditerranée, entre l'Afrique et la Sicile, que tous les hommes de l'équipage se sauvèrent. Ils furent reçus par les insulaires avec beaucoup de bonté. A peine les naufragés eurent-ils allumé un grand feu pour se sécher, que saint Paul, ayant ramassé quelques sarments, une vipère, qui s'y était cachée, en sortit et s'attacha à sa main. L'apôtre, sans s'alarmer, la secoua dans le feu, et fut préservé de l'effet de son venin. Ce miracle disposa tous les assistants à recevoir la lumière de l'Évangile. Pendant un séjour de trois mois qu'il y fit, il guérit le père d'un nommé Publius, ainsi que tous les habitants de l'île qui étaient malades; ce qui amena un grand nombre de personnes à se convertir.

Le centenier Jule, à qui l'on avait confié l'apôtre des Gentils, le fit embarquer sur un vaisseau d'Alexandrie, qui avait passé l'hiver dans l'île, et qui portait pour enseigne Castor et Pollux. Le vaisseau, faisant voile pour l'Italie, relâcha à Syracuse, capitale de la Sicile. Pendant les trois jours que l'apôtre resta dans cette ville, il disposa les habitants à recevoir la foi. Le navire, ayant levé l'ancre et côtoyé la Sicile, vint mouiller à Rhegium, actuellement *Reggio*, dans la Calabre Ultérieure Première. Deux jours après, il aborda à Pouzzoles ou Puteoli (*petits puits*), située sur le golfe de Naples et près de cette ville à l'ouest. Lorsque le goût des Romains pour s'établir à Baies fut devenu presque général, la petitesse du lieu se refusant à l'affluence qui s'y rendait, on s'établit également à Puteoli. Ce lieu devint superbe et très-fréquenté. Caligula y donna des fêtes somptueuses; Antonin l'orna d'ouvrages magnifiques; Néron y reçut Tyridatène d'Arménie.

La réputation de saint Paul étant répandue dans la capitale de l'empire romain, plusieurs fidèles vinrent à sa rencontre; les uns jusqu'au lieu appelé le Marché d'Appius, les autres jusqu'aux Trois Loges, d'où ils l'accompagnèrent jusqu'à Rome. Le centenier l'ayant fait connaître, saint Paul obtint la permission d'aller où il voudrait dans la ville, avec la simple escorte d'un garde.

Sa captivité dura deux ans. Pendant ce temps, il travailla à la conversion des Gentils de Rome, dont il trouva l'esprit et le cœur plus dociles, parce que c'étaient eux que Dieu avait choisis pour entrer dans l'héritage que les Juifs avaient rejeté. Ayant été mis en liberté, il entreprit un cinquième voyage en Grèce et en Asie, pour visiter les différentes églises qu'il avait fondées. Enfin, de retour à Rome, Dieu couronna tant de travaux par un glorieux martyre, l'an 67 de J.-C.

Saint Pierre quitta la ville d'Antioche en Syrie, dont il fut le premier évêque, parcourut le Pont et la Cappadoce, et se rendit à Rome, afin d'y combattre l'erreur et l'idolâtrie. Tandis que l'apôtre des Gentils prêchait l'Évangile dans l'Asie-Mineure et la Grèce, le prince des apôtres fondait dans la capitale des Césars la principale église du christianisme. Enfermé avec saint Paul, par ordre de Néron, ils ne cessèrent l'un et l'autre de prêcher au milieu de leurs liens, ils convertirent les principaux de leurs gardes, et ainsi ils gagnèrent des âmes à Dieu jusqu'à la fin de leur vie. Saint Pierre subit le martyre, en même temps que saint Paul, l'an 67 de J.-C.

Saint Jean, le disciple bien-aimé de Jésus-Christ, étant sorti de Jérusalem après le décès de la Mère de Dieu, se rendit à Éphèse. Pendant le temps des persécutions de l'empereur Domitien, il fut envoyé en exil dans l'île de Pathmos, pour y travailler aux mines et aux carrières. Après la mort de Domitien, le sénat ayant cassé tout ce qu'il avait fait, saint Jean fut ainsi délivré de sa captivité. Il retourna à Éphèse, où il finit sa sainte vie vers l'an 99 de J.-C.

L'île de Pathmos, actuellement *Patino*, où saint Jean écrivit son Apocalypse ou révélation de Jésus-Christ, est une de celles que les anciens appelaient Sporades. Elle est dans la mer Icarienne, au milieu des petites îles Corseæ, aujourd'hui *Fournis*, qui sont entre Icaria, actuellement *Nicaria*, et Samos.

La célèbre, la magnifique Alexandrie, la capitale de l'ancien monde commerçant et le principal foyer de toutes les lumières, devint le siége le plus fameux dans les premiers siècles de l'Église. Saint Marc, après la résurrection de notre divin Sauveur, s'attacha à saint Pierre, dont, suivant beaucoup de Pères de l'Église, il était l'interprète. Après avoir accompagné le premier des apôtres jusqu'à Rome, il fut envoyé dans l'Égypte par saint Pierre, et il fonda, dans la septième année de Néron, l'église d'Alexandrie. Les miracles éclatants et les bénédictions que Dieu répandit sur les prédications de ces évangélistes firent bientôt changer la face de cette ville. Alexandrie, qui était plongée dans les superstitions païennes, devint en peu de temps presque toute chrétienne.

Saint Luc, originaire d'Antioche en Syrie, s'attacha particulièrement à l'apôtre des Gentils, dont il fut, après la séparation de saint Paul d'avec saint Barnabé, le fidèle compagnon de ses voyages et de ses travaux. Toute l'Église se plaît à reconnaître dans les Évangiles de saint Luc, la voix de l'Esprit saint qui les dicta. Environ dix ans après, il écrivit l'ouvrage qu'il intitula *les Actes des Apôtres*, témoins des miracles auxquels lui-même avait participé. En se chargeant de la mission sublime de nous les transcrire, il ne pouvait laisser aux chrétiens un ouvrage qui leur fût plus utile et qui fût plus capable de les édifier. Il mourut dans l'Achaïe ; mais on ne sait si ce fut par le martyre.

A l'égard de saint Mathieu, ayant prêché quelque temps dans la Judée après la descente du Saint-Esprit, il revint à Jérusalem, où il écrivit ses Évangiles. On croit assez généralement que sa mission apostolique se dirigea du côté de la Perse, où il souffrit le martyre.

TABLE DES MATIÈRES.

FIN DE LA TABLE.

www.ingramcontent.com/pod-product-compliance
Ingram Content Group UK Ltd.
Pitfield, Milton Keynes, MK11 3LW, UK
UKHW020352180726
13839UKWH00003B/1061

9 782329 475974